# BEGRÜNDUNG

Im Laufe meines Lebens habe ich schlechte Präsentationen gegeben und auch leidend einige anhören müssen. Was ist schiefgelaufen? Wie kann man das anders und besser machen?

Fragen, die mich immer wieder beschäftigt haben. Grund genug, einige Beobachtungen und Gedanken niederzuschreiben, fast aus dem Leiden eine Leidenschaft zu machen. Ich möchte betonen: Es handelt sich hier schlicht und einfach um eine Reihe von über Jahrzehnten gewonnenen Erfahrungen und entsprechenden Einsichten, die auf allgemein gültigen Grundlagen oder Weisheiten basieren. Konkret: Philosophien und Vorgehensweisen, ergänzt mit Reflexionen und Beispielen.

Vieles wissen wir schon, manches davon ist sogar trivial. Wir sehen oder berücksichtigen etwas, entwickeln es aber nicht. Manchmal benötigen wir einfach nur einen Wecker – einen Anlass zum Nachdenken –, um das Bewusstsein zu schärfen und die Sensibilität zu erhöhen.

Ich denke auch oder bin sogar sicher, dass dieses Schriftstück außerdem einen Selbstzweck hat. Eine Art Ventil, um Ideen überdenkend zu sortieren. So ist diese Arbeit für mich eine persönliche Wertschöpfung: aus dem Gegebenen etwas Höherwertiges produziert zu haben. Denn manchmal schafft man neue und reichere Werte, indem man Vorhandenes einfach schöner, besser und geordneter darstellt. Genau wie bei einer guten Präsentation.

AF139299

*Danke an Trixi Finke
und Hannah Staudt*

# Bewusstes Präsentieren

Die richtige Person
auf dem richtigen Platz
mit der richtigen Ausrüstung

Erik B. Nilsson

Bibliografische Information der Deutschen
Nationalbibliothek: Die Deutsche
Nationalbibliothek verzeichnet diese Publikation in
der Deutschen Nationalbibliografie; detaillierte
bibliografische Daten sind im Internet über dnb.d-
nb.de abrufbar

TWENTYSIX – der Self-Publishing-Verlag
Eine Kooperation zwischen der Verlagsgruppe
Random House und BoD – Books on Demand

Herstellung und Verlag:
BoD – Books on Demand, Norderstedt

ISBN: 978-3-7407-2956-1

# DIE PRÄSENTATION
Die richtige Ausrüstung

## DER REDNER
Die richtige Person

## DAS AUDITORIUM
Der richtige Platz

## BELOHNUNG

# DIE PRÄSENTATION
Die richtige Ausrüstung

Bereichernd und informativ, aber auch unterhaltsam und spannend.

# VORBEREITUNG

## Information
*Als das Manna vom Himmel fiel, hatte der Mensch keinen Löffel*

Die großen, tragenden Entscheidungen in unserem Leben liegen nicht selten außerhalb unserer Kontrolle. Entscheidend ist, sie rechtzeitig zu erkennen und zu nutzen. Wir haben die Woge nicht hervorgerufen, können uns aber von ihr an Land tragen lassen. Der Redner muss zuerst Informationen für seinen Vortrag sammeln: Durch einen direkten Anruf bei echten Kapazitäten öffnen sich neue Perspektiven, und falsche Vorstellungen werden korrigiert. Die meisten Menschen, vor allem Akademiker, reden gerne von ihrem (tollen) Beruf und über ihr (großes) Wissen. Am besten sollte man mit vorbereiteten Fragen bewaffnet anrufen. Und wenn anfangs das Gespräch ein wenig holprig läuft, tut ein bisschen Süßholzraspeln Wunder. Zum Beispiel: „Ich habe Ihre umfangreiche Publikationsliste durchgeblättert."

Durch eine Arbeitsweise, bei der man das Erreichte immer wieder zusammenfasst, werden automatisch neue Gedanken, Ideen oder Lösungsmöglichkeiten geweckt. Das bedeutet, Texte, Bilder, Tabellen und Grafiken früh zu entwickeln und immer wieder zu ergänzen und zu aktualisieren; wie einen Stahldraht, der bis zum Seil wächst.

2

Man überprüft so auch kontinuierlich die Erfolgsaussichten, und Korrekturen sind noch möglich. Etwas falsch einzuschätzen, vor allem anfangs, oder Fehler zu machen, ist kein Verderben. Ein Projekt ist kein Fehlervermeidungsspiel, wer stolpert, kann wieder aufstehen. Aber wenn das Fortfahren sinnlos, ja gefährlich wird, soll vor lauter Tüchtigkeitseifer nicht blind einfach weitergemacht werden, sonst gerät man in Gefahr, wie Don Quichotte gegen Windmühlen zu kämpfen.

*Während meiner langen Zeit als Mitarbeiter pharmazeutischer Unternehmen habe ich festgestellt, dass auch die Entwicklung von neuen Arzneimitteln der Mode unterworfen ist. In einem Fall hatten drei weltweit tätige Firmen je einen ähnlichen Enzym-Hemmstoff in der Entwicklung, so auch „meine" Firma.*
*Wir wollten die humanpharmakologische Wirksamkeit der drei Produkte vergleichen. Ich bekam die interessante Aufgabe, dafür eine Methode aufzubauen. Die ersten Ergebnisse meiner Versuche waren erschütternd. Die beiden Konkurrenzprodukte zeigten eine ausgezeichnete Wirksamkeit, unser Produkt hatte dagegen keinerlei Wirkung.*
*Gerade zu dieser Zeit wurde ein firmeninternes Planungstreffen einberufen. Da meine Untersuchungen noch nicht abgeschlossen waren, sollte ich dort keine Daten vortragen. Doch während des Treffens bat mich mein Chef trotzdem, „vorläufige Daten" vorzustellen. Ich hatte keine Präsentation vorbereitet und war hinsichtlich meiner negativen*

*Ergebnisse verunsichert. Meine Präsentation war dementsprechend undeutlich und unvollständig. Milde ausgedrückt, es wäre besser gewesen, ich hätte nichts vorgetragen.*

*Einige Zeit später erschien eine Publikation einer der Konkurrenzfirmen. Darin wurde beschrieben, wie die drei Produkte auf die gleiche Art, wie ich es getan hatte, verglichen wurden und wie genau das gleiche Ergebnis erzielt wurde wie bei mir, nämlich u. a. ein Nachweis der Untauglichkeit unseres Produkts. Obwohl unser Produkt nicht weiterentwickelt wurde (es wäre ja sinnlos gewesen!), und obwohl ich meine Daten bei der Firmenzentrale nachträglich vorstellen durfte (Trostpreis), fühlte ich mich nicht wenigstens wie ein zweiter Sieger – nach dem Motto: „Habe ja recht gehabt" –, sondern als erster Verlierer.*

*The 7-P-Rule*
*Proper Planning and Preparation Prevent Piss-Poor Performance (angeblich beim US Marine Corps und der britischen Armee entstanden)*


## Konzept
*Wenn dauernd an den Wurzeln gebastelt wird, kann kein Baum richtig wachsen*

Auch eine gute Idee braucht eine gewisse Organisation oder Ordnung, um Fuß zu fassen. Aus den schönsten Gedanken wird nichts, wenn das Gerüst fehlt.

Ein festes, einfacheres und grundlegendes Konzept der Präsentation, mit klaren Grenzen, vermindert die Gefahr, sich in eine Sackgasse zu verirren und sich dort länger als unbedingt notwendig aufzuhalten. Auch negative Konsequenzen sollten berücksichtigt werden. Zum Beispiel, wenn das Projekt sinnlos ist, weil schon mal durchgeführt, oder wenn das Unterfangen rechtliche Grundlagen verletzt oder wenn die Durchführung persönliche, wirtschaftliche oder ökonomische Schäden verursacht. Wenn gewisse Rahmenbedingungen nicht vorhanden sind, wenn ein Mensch die Ordnung verliert, ist es nicht weit, bis er auch die Nerven verliert. Er ist, wie es auf Englisch so treffend heißt, „out of sorts" („indisponiert" oder „von der Rolle").

Oft ist es bei der Planung vorteilhaft, die Intention („Wo will ich hin?") anfangs zu formulieren, natürlich ohne das Ergebnis vorwegzunehmen. Das bedeutet, sich das große Bild zuerst vorzustellen und es dann mit den Methoden und Details zu verfeinern; letztlich ergibt sich so die Projektbeschreibung von selbst. So wird die Verbindung zwischen Ganzheit (Zielvorgabe) und Spezifischem (Methoden) immer wieder hergestellt. Wie auftauchen und Luft holen. Der Häuslebauer malt sich erst das große Bild vom Eigenheim und verfeinert dann mit bautechnischen Varianten und Finanzmöglichkeiten. Und das immer mit Bezug auf den Ursprungsgedanken.

Um die Dinge leichter begreifen und behandeln zu können, legen Menschen sie gerne in gesonderte

Schubladen. Mit einem kurzen tabellarischen Inhaltsverzeichnis, zum Beispiel in PowerPoint, am Anfang eines Vortrags werden die Schubladen definiert, und das Auditorium wird aufs Thema eingestellt. Wenn diese Liste übersichtlich, knackig und einprägsam ist, weckt sie den Appetit der Zuhörer. Die Einheiten der Liste dürfen weder zu unspezifisch noch zu umfangreich sein. Es ist beim Frühlingsputz leichter machbar, erst die Hosen zu sortieren (spezifisch) als sofort den ganzen Kleiderschrank aufzuräumen (umfangreich).

Wer gut strukturiert, spart Zeit und kommt mit weniger Grübeln und geistigem Aufwand aus.

*Das periodische System der chemischen Elemente wurde bereits im neunzehnten Jahrhundert aufgestellt. Damals wurden Elemente „rechnerisch" definiert und beschrieben, die erst viele Jahre später tatsächlich in der Natur auch gefunden wurden.*

*Ein klassisches Beispiel dafür, dass eine systematische Aufarbeitung Löcher (fehlende Teile oder Inhalte) ersichtlich machen kann.*

Gliederung
*Züge fahren nur da, wo Gleise verlegt sind*

Viele Redner fangen irgendwo an und biegen mal links, mal rechts ab beziehungsweise weichen mal hierhin, mal dorthin aus. Die Geschichte steuert den Erzähler, doch wohin? Es existieren aber einige sehr hilfreiche und klare Modelle der Gestaltung einer Präsentation.

Die wissenschaftliche Einteilung besteht aus vier Teilen. Der Grund (*Introduktion*), das Verfahren (*Methode*) und das Ergebnis des Projekts (*Resultat*) werden logisch nacheinander erläutert. Eine freie *Diskussion* folgt, die nicht zuletzt Perspektiven aufzeigen soll. Diese Einteilung ist für faktenreiche PowerPoint-Präsentationen sehr geeignet, aber auch im übertragenen Sinn häufig anwendbar.

Die chronologische Variante ist simpel aufgebaut. Eine Geschichte von Anfang an zu erzählen erleichtert das freie Reden und erhöht die Verständlichkeit. Indem schon teilweise Bekanntes erwähnt wird, baut der Redner eine aktive Verbindung zum Auditorium. Die Zuhörer fühlen sich erstens bestätigt – „Wusste ich schon, ich bin dabei!" Zweitens sind sie zufrieden, weil sie darüber hinaus etwas Neues und Ergänzendes erfahren haben. Wer eine Dokumentation über die 50er Jahre anschaut und selbst die Zeit erlebt hat, weiß schon einiges, erfährt Zusätzliches und nimmt entsprechend intensiver teil.

Die Verflechtung ist kompliziert. Zwei oder mehrere Geschichten ineinander zu schachteln oder parallel laufen zu lassen, ist sicherlich schwieriger. Wenn beim Fußball die Innenverteidiger nicht eng genug stehen, entsteht ein gefährliches Loch. Aber die möglichen Querverbindungen, ja Querpässe, öffnen wunderbare Assoziationen und Laufwege. Diese Methode kann sogar so kompliziert sein, dass der Vortrag vom Blatt gelesen werden muss, aber sie ist kreativ. Denken wir an Krimis, wo die Wege des Mörders und des Fahnders wechselweise beschrieben und preisgegeben werden.

Die flanierende Variante hat etwas Verführerisches. Durch die Straßen und Gassen einer schönen Stadt zu schlendern ist faszinierend. Häuser, Plätze, Straßen, Cafés, Kirchen, Läden und vor allem Menschen zu sehen. Sich etwas dabei zu denken und zu fühlen, ja zu phantasieren, und sich aus verschiedenen Eindrücken ein Bild zu formen. Ein Vortrag kann auch so ein Gefühl des Flanierens wecken. Und das, obwohl der Vortrag sehr bewusst eingeteilt und gesteuert ist. Eigentlich wie ein Kinofilm, der aus vielen Szenen besteht, die sich am Schluss zu einer Einheit zusammensetzen.

Gewissermaßen regelt auch die Form (die Gliederung) den Inhalt und nicht nur umgekehrt.

*Das Gebäude des Automuseums (des Autoerfinders) ist rund, nicht eckig. Die Ausstellung startet oben und verläuft im Kreis nach unten. Panoramafenster machen den Blick auf die schöne und kulturhistorisch reiche Umgebung frei.*
*Die Autos sind nicht strikt nach Modell und Jahrgang ausgestellt. Oft werden Epochen durch Unikate*

*repräsentiert, wie z. B. einen sehr bunten Linienbus aus Argentinien oder ein lustig aussehendes Abschleppauto für Rennwagen aus der Mitte des letzten Jahrhunderts.*

*Parallel und am Rande schildern geschmackvolle Poster punktuell die allgemeine Zeitgeschichte und Entwicklung. Sie verbinden, faszinieren und lassen Erinnerungen wach werden.*

*Der Aufbau (die Gliederung) des Museums ist zugleich flanierend, geflochten, chronologisch und natürlich auch wissenschaftlich! Bei einem Vortrag reicht eine einzige Variante.*

## Ballast
*Eine Geschichte muss Opfer bringen, um richtig gut zu werden*

Hermann Heinrich Gossen (Nationalökonom und Volkswirtschaftler) hat festgestellt, dass der Nutzen eines Gutes keine konstante Größe ist, sondern relativ, er nimmt nicht selten sogar mit wachsender Menge ab. Immer mehr bringt oft immer weniger. Wenn Kinder allzu sehr verwöhnt werden, verlangen sie immer mehr (Spielzeug) und bringen immer weniger (Aufräumen).

Ein Vortrag braucht eine gewisse Leichtigkeit. Der Gesprächsfluss des Redners darf nicht durch unwichtige Details verwässert werden, die die Rede unübersichtlich machen. Vieles ist wohl erlaubt, aber nicht alles ist vorteilhaft. Wir sollen erkennen, dass

9

bestimmte Fakten oder Infos wohl wirklich weit weniger wichtig waren als erst gedacht. Es ist sowieso nicht möglich, alles zu erzählen, was wir wissen. Aus „Sowohl als auch" wird leider leicht ein „Weder noch".

Eine Reduktion des Materials hilft oft dabei, klarer zu sehen. Vor lauter Datenüberschuss wird Entscheidendes nicht erkannt. Viele große Geheimdienstorganisationen in West und Ost haben uns das über die Jahre reichlich vorgeführt. Nur wer gut unterscheidet, urteilt auch gut. Eine Komplexitätsreduzierung tut jedem Vortrag gut, wir sollten zum Beispiel nicht versuchen, Probleme zu lösen, die wir gar nicht haben. Behinderten zu helfen (Probleme zu lösen) ist sehr oft notwendig, aber nicht immer erwünscht: „Ich kann viel, wenn ihr mich nicht behindert."

Bei der Präsentation die Verläufe ein bisschen zu vereinfachen (eine erlaubte intellektuelle Verkürzung realer Verhältnisse) verstärkt das Verständnis. Es spielt keine Rolle, ob die Katzen schwarz oder weiß sind, solange sie die Mäuse fangen.

Selbstverständlich dürfen Vorgänge nicht zur Unkenntlichkeit reduziert oder zu Unwahrheiten simplifiziert werden. Solche Botschaften werden nicht geglaubt.

*Der schwedische Ministerpräsident Olof Palme wurde auf offener Straße in Stockholm erschossen.*
*Der Stockholmer Polizeichef vermutete eine internationale Verschwörung und legte die Morduntersuchung entsprechend an. Ein*

*Riesenapparat wurde aufgebaut, in viele mögliche und unmögliche Richtungen wurden Untersuchungen durchgeführt, eine Menge Daten wurde gesammelt. Die vielen Daten konnten nicht oder nur ungenügend bearbeitet und verstanden werden – der Wald wurde letztlich vor lauter Bäumen nicht mehr gesehen.*

*Dabei wurden die näherliegenden „lokalen Optionen", also örtliche Kleinkriminelle oder psychisch Labile, übersehen oder vernachlässigt. Zeit wurde verloren, heiße Spuren wurden kalt und der Mörder wurde „offiziell" nicht gefunden.*

INHALTE

## Geschichte
*Warnung! Geschichte kann zu Einsichten führen und verursacht Bewusstsein (Zeitgeschichtliches Forum in Leipzig)*

Positives Geschichtsbewusstsein heißt, aus der Vergangenheit für die Zukunft zu lernen und natürlich auch so die Gegenwart besser zu verstehen. Oder wie der Philosoph George Santayana es etwas schärfer formuliert: *„Wer aus der Geschichte nicht lernt, ist dazu verdammt, sie zu wiederholen."*

Doch zur Zeit des Geschehens ist oft die zukünftige Bedeutung für die Welt schwer vorhersehbar. Scheinbar wichtige Ereignisse schrumpfen in die Bedeutungslosigkeit, und scheinbar unwichtige Ereignisse werden bedeutungsvoll. Die Mondlandung an sich, obwohl eine phantastische Geschichte, beeinflusst heute unseren Alltag wohl kaum. Aber die dadurch entstandene Informationstechnologie und Materialentwicklung haben unser Leben enorm verändert. Die Geschichte ist hinterher klug, die Zeiten haben sich verändert: Wir waren dort, jetzt sind wir hier!

Im Laufe der Zeit verändert sich auch unsere Sicht auf den Mitmenschen. Als Erwachsene sehen wir z. B. unsere ehemaligen Lehrer in einem etwas anderen Licht als zu unserer Schulzeit. Es wird jedoch oft behauptet, dass Menschen sich grundsätzlich nicht verändern; sie drehen sich nur und zeigen unterschiedliche Seiten, sie träumen aber die alten Träume. Grundsätzliche Veränderungen geschehen wohl eher selten, Saulus wird nicht oft zu Paulus. Aber die Entwicklung und unsere Erfahrungen können nicht ohne Spuren bleiben, und außerdem steht uns ja frei, welche Seite wir gerade zeigen wollen. Die Lehre daraus ist offensichtlich; wenn Zeiten und Bedeutung sich ändern, müssen wir gegebenenfalls unsere Meinung ändern. Und das erst recht als Redner auch erkennen und vor allem zugeben: Es war vielleicht nicht immer so, aber es ist so geworden. Wir dürfen nicht die Welt mit den Augen von gestern sehen; nicht aus der Zeit fallen.

Wir brauchen unterschiedliche Lösungen für unterschiedliche Zeiten und Situationen.

*Der junge Sohn des Rektors war das erste Jahr in der Realschule und noch nicht überall bekannt. Als er, gleich in der ersten Stunde, wiederholt den Unterricht störte, nahm der Lehrer das Schulheft des Schülers und klatschte es ihm auf den Hinterkopf. In der Pause danach entschuldigte sich der Lehrer beim Sohn des Rektors. Der Lehrer hatte nämlich den Namen des Schülers auf dem Schulheft gelesen.*

*Wir Schüler, und ich denke, auch die Lehrer-kollegen, haben uns köstlich über die schnelle Lernfähigkeit des Lehrers amüsiert.*

13

# Argumentation
*Das logische Denken kann ein mentales Vergnügen sein*

Unsere demokratische Gesellschaft hat ein moralisches Problem mit Ungleichheiten. Ein Verlangen nach Gleichbehandlung ist allgegenwärtig und wohl im Grunde sehr erstrebenswert. Aber wissenschaftliches Argumentieren hat nicht mit einem Streben nach Gleichheit zu tun. Nicht alle Argumente sind gleich wichtig oder richtig. Und es gibt leichte und schwerwiegende. Logisch denken bedeutet Argumente finden, nicht „fertige Kochrezepte" auswendig lernen. Und zwar echte Argumente, die mit Fakten belegbar sind. Argumente, die inhaltlich weder notwendig noch ergänzend sind oder artifiziell konstruiert werden, sind überflüssig und stören oder zerstören die logische Beweiskette. Ebenso sollten verschlungene Gedankengänge oder mentale Abkürzungen vermieden werden.

Vernünftige Schlussfolgerungen werden auf der Grundlage gesicherter und vollständiger Daten gezogen. Wenn die Diagnose ein Ausschlussverfahren ist, ist sie gewissermaßen eine Notlösung. Möglichkeiten werden zwar rational ausgeschlossen, aber keine Alternative wird rational bestätigt. Mangels Beweisen wird ein „Verdacht auf" ausgesprochen. Nur zu vermuten heißt aber nicht sicher zu wissen.

Wir sollen uns nicht durch unkontrollierte Gefühle oder fragliche Suggestionen falsch leiten, nicht vom gesunden Menschenverstand scheiden lassen. Ist der Pfarrer ein schlechter Mensch, so beweist das nicht, dass Gott nicht existiert.

Bei einer Präsentation, wo die Tatsachen und auch die Gefühle nach dem Ursache-Wirkung-Prinzip sortiert und richtig gewogen sind, fährt man am besten.

*Der Einbrecher rutschte auf der nassen Kellertreppe aus und verletzte sich. Er wurde am Tatort erwischt. Nachher verklagte der Einbrecher den Hausbesitzer, weil ein Warnschild für die nasse Treppe gefehlt hatte (USA). Die juristische Begründung: Das Ausrutschen ist isoliert zu betrachten, unabhängig von dem Einbruch. Diese Argumentation wird nur auf einen Teil des Geschehens ausgerichtet und verzerrt das Gesamtbild.*

## Wahrheit
*Für uns Menschen ist die Welt die, die wir uns erdenken*

Wir wissen alle, dass es eine reale, objektive Wahrheit gibt, die wir akzeptieren sollten. Doch wir tun uns häufig schwer, die Dinge so zu sehen, wie sie wirklich sind.

Eine zutreffende Beurteilung ist oft zeitabhängig. Zwischen Szenen, an die wir uns erinnern können, liegen sehr viele, die wir nicht mehr so genau im Kopf oder ganz vergessen haben. Zeit vergeht, Erinnerungen auch. Das Gedächtnis spielt uns bekanntlich manchen Streich.

Die Empfindung eines Sachverhalts ist außerdem von „wer-was-wo-wie" abhängig. Für unsere innere Beurteilung ist es sicher nicht gleichgültig, wer etwas getan hat und wo und wie es geschah. Wir versehen Handlung nachträglich mit Gründen, wir rationalisieren. Wir erfinden sogar selbstdienende fromme Lügen, wir verfahren kontrafaktisch. Wir sollten aber Meinungen von Tatsachen trennen. Die ganze Wahrheit zu sagen heißt im Gerichtssaal nichts zu verzweigen, zu ergänzen oder zu verändern.

Es wird auch behauptet, dass die Möglichkeit, immer die absolute Wahrheit zu sagen, als Illusion angesehen werden kann. Ja sogar, dass totale Wahrheitsleidenschaft böse Folgen haben kann. Der Europapolitiker Jean-Claude Juncker hat gemeint, dass, wenn es ernst wird, man lügen muss. Sicherlich gibt es Situationen, in denen eine passende Antwort gesucht werden muss, da die notwendige Reaktion nicht der ganzen Wahrheit entspricht. Man steht vor der Alternative, entweder mit nackten Tatsachen (Wahrheiten) unschuldige Dritte zu verletzen oder mitmenschlichen Anstand und Rücksicht zu zeigen.

Wir sollten allerdings erkennen, dass solche schwierigen Situationen oft durch vorhergehende Halbwahrheiten (nichts als die Wahrheit, aber nicht die ganze Wahrheit) oder reine Lügengebilde erst entstanden sind. US-Präsident George W. Bush behauptete, dass Irak Massenvernichtungsmittel besäße, und griff deswegen Irak militärisch an. Die Massenvernichtungsmittel gab es nicht, sie wurden nie gefunden. Die Behauptung war eine Unwahrheit. Aber dadurch entstand eine Situation, die von unglaubhaften Erklärungen und diffusen Reaktionen geprägt war. Und erst recht von menschlichem Elend und Tod.

Was in Schnee versteckt wird, erscheint wieder, wenn es taut. In der DDR tauchten nach der Wende verschwundene RAF-Leute wieder auf. Ein Redner, der nicht die Wahrheit sagt, bewusst oder unbewusst, wird oft von den Zuhörern gnadenlos erwischt. Oder erwischt sich selber, denn göttlich ist die Macht des Gewissens.

Vertrauen in die Wahrheit ist auch für die Seele gut. Lügen machen Vertrauen kaputt. Und Vertrauen geht schneller kaputt, als es entsteht.

*Der griechische Philosoph Sokrates empfahl uns, jede Aussage erst drei Siebe durchlaufen zu lassen, bevor wir sie aussprechen:*
*Ist sie wahr?*
*Ist sie gut?*
*Ist sie notwendig?*
*Sicherlich gute Siebe für den Redner. Aber leider könnte man manchmal meinen, dass einige Menschen nur ein einziges Sieb verwenden:*
*Was habe ich davon?*

# Gerüchte
## Wenn „Ob" zu „Wie" wird

„Wer nur die Wahrheit sagt, ist nicht wert, dass man ihm zuhört." (Jonas Jonasson, Autor des Buches „Der Hundertjährige, der aus dem Fenster stieg und verschwand") Erfundene Geschichten und Gerüchte sind interessant, Tatsachen sind oft nicht so beeindruckend.

Wer eine Rede hält, hat aber eine soziale Verantwortung und sollte nicht riskieren, mit versteckten oder offenen Provokationen oder fragwürdigen Behauptungen eine Lawine loszutreten. Ehrliche und gut gemeinte Kritik sollte doch im Idealfall diskret sein, ein Vieraugengespräch. Respektvoll den Zuhörern zu begegnen bedeutet, sie mit der Problematik vertraut zu machen, sie einzubinden und so ihr Verständnis für Lösungen zu gewinnen. Natürlich kostet das Zeit für eine geistige Vorbereitung, verlangt Ehrlichkeit und Offenheit.

Gerüchte sind allerdings für viele Medien und Kommunikatoren (z. B. die bunte Presse und die sozialen Netzwerke) krasse Warenwerte statt wahrer Werte; Aussagen mit Aufschrei-Qualität. Solche medialen Informationsverbreiter konstruieren oft Verbindungen und Verknüpfungen, die nie existiert haben. Eine Behauptung wird nicht zur Frage, nur weil ein Fragezeichen dahinter steht. Das Erfundene wird zur Wahrheit geadelt. Sie ziehen „vereinfachte

Wahrheiten" vor. So wird es aus populistischen Gründen gewünscht, sogar von „der Meute" gefordert. Sie beharren auf simplen politischen oder ideologischen Glaubenssätzen und differenzieren nie. Sie wollen Tatsachen nicht wahrhaben, weil sie nicht passen. Es gibt keine Fragen, wenn die Antworten schon feststehen. Eine Richtigstellung bewirkt nichts, denn was sie nicht hören möchten, wird als irrelevant angesehen. Recht zu haben und Recht zu bekommen sind zweierlei. Sie zelebrieren sogar diese Intoleranz als Beweis ihrer Überzeugung, und sie sind nicht empfindlich für Peinlichkeiten. Sie besitzen eine wahnwitzige Immunität gegen jede Art von Vernunft. Gegenseitiges Verständnis oder eine fruchtbare Diskussion sind ausgeschlossen, undenkbar.

*In der sogenannten Maxwell-Affäre wurde Max Strauß, Sohn des bayerischen Ministerpräsidenten Franz Josef Strauß, wegen Steuerhinterziehung angeklagt. Er wurde von der Presse hart angegriffen und persönlich schwer betroffen. Er gab seine Zulassung als Rechtsanwalt aus gesundheitlichen Gründen zurück und wurde wegen schwerer Depressionen stationär behandelt. Aber letztlich wurde er freigesprochen und erhielt sogar eine Entschädigungszahlung.*

*Als ich zum ersten Mal von der Maxwell-Affäre erfuhr, war ich spontan bereit zu glauben, dass Max Strauß involviert war. Die Presseberichte und auch meine skeptische Einstellung zum Vater Franz Josef Strauß spielten wohl hier eine Rolle. Der Freispruch von Max Strauß zeigte mir, wie gefährlich mediale Beeinflussung und alte Vorurteile sein können. Ich schämte mich wegen meiner Vorverurteilung.*

## Dramaturgie

*Das Volk braucht Brot und Spiele*

Die AIDA-Methode ist eine alte Verkaufsstrategie des Werbestrategen Elmo Lewis. Sie eignet sich aber auch vorzüglich als Regieanleitung einer Präsentation.

AIDA
Attention:    Erst Aufmerksamkeit erlangen,
Interest:     dann Interesse und Neugier wecken,
Desire:       ein Verlangen anregen
Action:       und Aktivitäten auslösen.

Aufmerksamkeit: Joachim Gauck hat gesagt, dass wir Zumutungen brauchen, damit wir hinschauen. Menschen aufrütteln und zugleich Erwartungen wecken, das ist der Anfang des Erfolgs.

Interesse: Selbst etwas zu entdecken ist hundertmal interessanter und bedeutender, als von jemandem etwas zu erfahren. Gute Wissenschaftler finden sogar die eigenen Fehlversuche interessant. Sie haben einen kritischen Erklärungsdrang – Lernen durch Fehlermachen.

Verlangen: Der geschickte Redner unterbreitet nicht gleich fertige Vorschläge oder Lösungen, eher Hinweise und Möglichkeiten. Kurzum, er präsentiert Anreize. *The grass is always greener on the other side of the fence.*

Aktivität: Während des Vortrags zielt der Redner fortlaufend mit Infos und Argumenten auf das gewünschte Ziel (die Aktivität) hin, denn es wächst kein Moos auf einem rollenden Stein. Das Auditorium wird etappenweise durch Erlebnis (Entdeckung) zu Ergebnis (Aktivität) geführt.

Ein Vortrag muss nicht übertrieben dramatisch sein, hat aber viel bessere Chancen auf die Aufmerksamkeit der Zuhörer, wenn er eine Geschichte erzählt. Wie das Leben jedes Menschen.

*Als Endvierziger musste ich mich um eine neue Stelle bewerben. Mir war klar, dass die Konkurrenz hauptsächlich aus jungen Hochschulabsolventen bestand. Meine Bewerbung musste also auffallen, damit ich zu einem Gespräch eingeladen wurde:*

*At the end of last month I lost my position at the Human Pharmacological Institute of A in B, not because I was a naughty boy, but because the Institute was closed.*
*The main target of the Institute was phase I studies, but we also dealt with preclinical and phase II-IV investigations. My business was bio-analytics and pharmacokinetics. However, gradually there has*

*been a change towards administrative tasks such as evaluation, reporting and presentation of results. I am familiar with GCP and I was responsible for the introduction of GLP in the laboratories.*

*Most certainly, you would like to know something about my personality. After more than 20 years in Germany, I have adopted a lot of German life style, this without losing my Swedish mental background. For instance, I have to be careful not being too ironical and I sure enjoy a good laugh.*

*I am faithful you will find my application interesting and I am looking forward to a personal meeting.*

*Dass die Bewerbung nach dem AIDA-Prinzip aufgebaut wurde, hat sicher niemand bemerkt.*

*Aufmerksamkeit wurde durch den überraschenden Ausdruck „naughty boy" und durch den direkt am Anfang erwähnten Arbeitsplatzverlust erweckt. So befreite ich mich fast leichtfüßig vom Thema Arbeitslosigkeit und nicht kryptisch-artifiziell wie: „Ich stehe kurzfristig zur Verfügung."*

*Die bewusst mit Fachausdrücken gespickte Aufgabenbeschreibung sollte meine Qualifikation für die Stelle herausstellen, also echtes Interesse wecken.*

*Indem, absolut unüblich, auf persönliche Eigenschaften eingegangen wurde, wollte ich zusätzlich auf meine Person neugierig machen, den Wunsch, mich kennenzulernen, induzieren.*

*Und somit, wie vorgeschlagen, eine Einladung (Aktivität) erreichen.*

*Ja, ich wurde eingeladen und ich habe sogar die Stelle bekommen*

# AUSFÜHRUNG

## Bilder
*Wir lernen sehr oft leichter von Geschichten und Bildern als von Argumenten*

Bilder werden unbewusst gespeichert und erscheinen ohne Einladung in unseren Gedanken. Wir erwarten bestimmte Bilder (Szenen), und doch werden wir immer wieder überrascht. Bilder sind wirklich vorhersehbar unvorhersehbar.

Bestimmte Bilder bewegen uns. Zum Beispiel, wenn wir etwas Schönes sehen, wenn wir schmerzlich berührt oder geistig überwältigt werden. Wer Leonardo da Vincis Porträt der Mona Lisa bewundert hat, vergisst es nicht (Schönheit). Sicher erinnern wir uns an das Foto von dem nackten, weinenden Mädchen Kim Phuc während eines Napalm-Angriffes in Vietnam (Schmerz). Die Räume alter Kirchen beeindrucken die meisten Menschen, egal ob sie gläubig sind oder nicht (Überwältigung). Ästhetik, Ethik und Glaube sind Kinder gleicher Eltern.

Das Layout und die Bebilderung einer Präsentation sollen optisch ansprechend sein: Zu viel Text macht das Bild nicht nur unlesbar, sondern ungenießbar.

Dicke schwarze Rahmen sehen wie Todesanzeigen aus. Eleganter und übersichtlicher ist eine Tabelle in Rasterform, mit hellen Pastellfarben unterlegt, ganz ohne Linien.

Unharmonische Farbkombinationen irritieren. Wenn eine PowerPoint-Präsentation so schrill ist, dass sie Assoziationen mit einem Feuerwehreinsatz in Manhattan weckt, werden im Auditorium entsprechend unruhige Reaktionen wach.

Schwarz auf weiß ist schlicht und effektvoll (nicht weiß auf schwarz, das wirkt eher bedrohlich) und hat einen wissenschaftlichen Touch. Wichtige Details können farblich betont werden.

Farben und Formen gehören stilistisch zusammen, Harmonie. Ein Beispiel dafür ist, dass es selten knallrote Autos im oberen Premiumsegment gibt, aber sehr wohl im Kleinwagen- und Sportwagenbereich. Übrigens: Sportwagen aus England waren früher traditionell grün (English Racing Green), aus Italien rot (Ferrari), aus Frankreich blau (Bugatti) und aus Deutschland grau (Silberpfeil). Auch heute sind die Formel-1-Autos von Ferrari rot und von Mercedes grau.

Etwas Komplexes zu verstehen heißt nicht selten, sich im Kopf ein Bild zu malen. Eine Art, schwerere Sachen zu „transportieren", als wären sie leicht.

Bei Präsentationen von Naturwissenschaftlern unterstützt visuelles Material das gesprochene Wort und das Verständnis.

Bei den Politikern hat das Reden absoluten Vorrang, sie zeigen selten visuelles Material. Sie lassen aber bei den Erörterungen sehr gerne rein verbal Bilder, sogenannte Sprachbilder, entstehen. Ein Beispiel für ein Bild, das auch nach Jahrzehnten noch im „kollektiven Gedächtnis" der Deutschen präsent ist, sind die „blühenden Landschaften", von denen Helmut Kohl gesprochen hat. Ein Vortrag mit komplizierten Informationen benötigt mehr unterstützende Bilder (PowerPoint) als ein Vortrag mit ideellem Charakter, hier zählt die Argumentation. Wie gesagt, Bilder sind wunderbar. Aber wir wissen auch alle, dass unzählige Folien in verdunkelten Räumen anzuschauen betäubend wirkt, und sie lenken außerdem vom gesprochenen Wort ab. *„People who know what they're talking about don't need PowerPoint."* (Steve Jobs) Es genügt also prinzipiell, wenn das Bild im Kopf entsteht und erscheint.

*Ein erfolgreiches Möbelhaus.*
*Die Preise sind hier günstig und ein Jahr lang fest, wie es im Katalog steht. Wir können im Warenhaus die Möbel selbst abholen und zu Hause selbst zusammenbauen. Kinder werden betreut und dürfen die ausgestellten Möbel testen. Diese Teile des Konzepts kennen die meisten von uns. Aber wer hat bemerkt, dass die Ausstellung grundsätzlich nur aus drei Komponenten besteht?*
*„Die großen Körbe" mit günstigen und nützlichen Kleinartikeln finden wir schon am Eingang, und dann immer wieder. Schnäppchen und Rattenfänger mit gelben Tragetaschen unterstützt. Mitnehmen leichtgemacht!*

*„Die möblierten Räume" wie Schlafzimmer, Küche oder Wohnkombinationen, sie sind die Herzstücke der Ausstellung (die Bilder). Die Gänge drehen etwa alle zehn Meter und die Blicke richten sich so automatisch auf den nächsten Ausstellungsraum. „Im Markt" sind sämtliche Modelle, wie zum Beispiel alle Stühle, gesammelt. So sind sie vergleichbar, natürlich auch die Preise. Da die Farben und Formen der verschiedenen Produkte aufeinander abgestimmt sind, wirken die Räume harmonisch. Die verschiedenen Artikel sind dadurch austauschbar und leicht zu ergänzen. Die eigene Phantasie wird angeregt. Bilder, sprich die optische Darstellung des Warenangebots, unterstützen und fördern unser Konsumverhalten.*

*Die wohldosierte Mischung aus übersichtlicher Produktinformation und optischer Gestaltung wird durch die sanfte, aber bestimmte Führung unterstützt. Wie eine gute Präsentation.*

## Logo
*Es wurde mal behauptet, dass Fahnen bedeutender seien als Kanonen*

Studien haben belegt, dass es nicht in erster Linie darauf ankommt, wie oft ein Logo zu sehen ist oder wie groß es ist. Nein, ein Logo muss das richtige Gefühl in unseren Köpfen kreieren. Ein Gefühl, dass mit der Marke emotional in Verbindung gebracht wird. Denken wir an das Feierabendbier.

Menschen haben immer Symbole verwendet, um Zugehörigkeit zu demonstrieren. Für Projekte (Präsentationen) ein Logo zu entwickeln stärkt die Zusammenarbeit, und es kann vielfältig eingesetzt werden (Folien, Flyer, Einladungen usw.). Noch schöner ist es, wenn „das Kind" auch einen Namen bekommt. Wir leben ja in der Zeit des Markennamens, oder richtiger, der starken Bedeutung des Markennamens. ASICS ist ein Akronym aus den Initialen der Wörter des lateinischen Satzes: *„Anima Sana In Corpore Sano" (in einem gesunden Körper wohnt ein gesunder Geist; eigentlich und ursprünglich „Mens sana in corpore sano")*. Da sind die Sportschuhe (der Firma ASICS) nicht weit weg.

Methoden und Prinzipien, mit Schlagwörtern versehen, bleiben besser in Erinnerung: Wenn ein Krebs die Wand des Korbes hochklettert, holen die anderen Krebse ihn wieder herunter. Das Krebskorb-Prinzip. Das Wort Krebskorb ist prägnant (Schlagwort) und symbolisiert außerdem das Prinzip sehr anschaulich – die Krebse beziehungsweise die Streber, die immer wieder versuchen, die Korbwände hochzuklettern.

Allerdings ist es leider allzu einfach, eine bewusst negative Symbolwirkung zu entfalten: Gegner von Barack Obama haben gemeint, dass es einen bestimmten Grund gibt, warum The White House so heißt. Erschreckend! Abstrakte oder kunstvolle Kreationen als Logos sind wohl hier weniger gefährdet. Wir befinden uns im gefährlichen Bereich zwischen der Förderung des positiven Zusammenhalts (Identifikation, Mannschaftsgefühl) und auf der anderen Seite der bewussten Manipulation (Radikalismus, Lobbyismus).

Wir müssen skeptisch sein, denn Verführung (Manipulation) kann blind machen, aber der Mensch darf natürlich nicht beide Augen zumachen.

*The Rolling Stones standen in ihren Anfangszeiten für freie und explosive Musik, garniert mit Gewalt, Alkohol, Drogen und ungehemmtem Sex. Ihr Logo: Eine ausgestreckte rote Zunge!*
*Ein Beispiel dafür, wie Logo und „Inhalt" gefühlsmäßig zusammenpassen.*

## Zeit
*Das menschliche Denken ist zeitlich und räumlich begrenzt*

Der Bischof und Philosoph Augustin Aurelius hat auf die Frage, was eigentlich Zeit ist, geantwortet: *„Wenn niemand mich danach fragt, so weiß ich es; sobald ich es jedoch einem Fragenden explizieren will, weiß ich es nicht."*
Versuchen wir es trotzdem mit zwei rein praktischen, präsentationsbezogenen Zeit-Auslegungen:

### Zeit zum Verschwenden
Die Physik zeigt uns, dass ein Vakuum danach strebt, aufgefüllt zu werden. Mit der Zeit ist es nicht

anders. Aber unnötig die Zeit anderer Menschen zu stehlen ist eine Sünde. Respekt und Höflichkeit verlangen durchdachtes Zeitmanagement. Eine innerbetriebliche Stundenberechnung ergibt, dass eine zweistündige Präsentation mit zwanzig zuhörenden Mitarbeitern insgesamt vierzig (2 x 20) Arbeitsstunden, also grob fünf Arbeitstage, rein zeitlich beansprucht. Zeit kann irgendwie auch Geld sein, aber Zeit ist wertvoller.

Zeit zum Verstehen

Menschen verfügen über individuelle und begrenzte Aufnahmegeschwindigkeiten und dito räumliches Fassungsvermögen – wie eine Festplatte. Wir können uns zum Beispiel momentan, also innerhalb kurzer Zeit, sieben plus/minus zwei Namen merken. Wenn nichts aufgenommen wird, weil nichts aufgenommen werden kann (Verstopfung oder überhöhte Geschwindigkeit), ist die Vorstellung natürlich sinnlos. Unter Zeitdruck erzielte Ergebnisse werden, wenn überhaupt, vom Auditorium nur lauwarm mitgetragen. Zeitnot produziert zwangsläufig Fehlentscheidungen. Aber paradoxerweise führt zu viel Zeit, die man zur Verfügung hat, oft zu Entscheidungsschwäche. Moralische Güte ist auch eine Zeitfrage: Es ist nicht in Ordnung, die Zeit anderer Menschen zu stehlen oder anderen nicht die Zeit zum Verstehen zu lassen.

*Es gibt Vorträge, die ziehen sich so lang hin, dass die Zuhörer feststellen müssen, dass nicht Wochen und*

*Jahre langsam vorbeigehen, sondern Minuten und Stunden.*

## Technik
*Bevor der Vorhang aufgeht, hinter die Kulissen schauen*

Dumme und unnötige Pannen lassen sich häufig durch eine Kontrolle der Räumlichkeiten und der Technik vor (nicht während) der Präsentation vermeiden. Aber wer macht das schon?

Geschirrgeklapper aus der nahen Küche oder Regen auf dem Glasdach machen die Präsentation akustisch ungenießbar.

Sonnenstrahlen können die Projektion optisch unsichtbar machen, und die Jalousien sind unzureichend oder gar nicht zu bewegen.

Im Süden verlassen die frierenden Zuhörer den Saal, weil die Klimaanlage auf Volltouren läuft – im Sommer im Norden die Verschwitzten, da es keine Klimaanlage gibt. Exodus!

Sollte trotz guter Vorbereitung etwas „Technisches" passieren, dann hört der Redner sofort auf zu reden. Er merkt sich, wo er unterbrochen wurde, er schaut das Auditorium fest an und vermeidet es, einen ratlosen Eindruck zu machen. Wenn möglich beauftragt er jemanden damit, die Störung zu beheben. Er bewegt sich selbst am besten gar nicht, höchstens ein paar langsame Schritte, mit dem Gesicht nach vorne, seitlichrückwärts. Und er redet vor allem nicht weiter. Hört ja eh niemand!

Wir sollen bekanntlich die Technik beherrschen und nicht umgekehrt.

*Das Haus der Mathematischen Fakultät wurde Ende der sechziger Jahre neu gebaut. Die ganze Technik des Hörsaals wurde von einem Pult mit Knöpfen und Schaltern (Modell James Bond) unten beim Professor gesteuert.*

*Unser Mathematikprofessor war hochintelligent, aber mit weltlichen Dingen ein bisschen auf Kriegsfuß. Böse Zungen behaupteten, dass seine Tochter ihm über die Straße helfen musste. Eines Tages – für uns alle völlig überraschend – setzte sich der Professor mitten in das Technikpult. Sicherlich war der Professor auf das Mathematische so konzentriert, dass er nicht realisierte, was er körperlich tat. Alles fing gleichzeitig an zu laufen: Licht ein und aus; Jalousien auf und zu; Tafeln rauf und runter.*

*Der Professor wurde total hysterisch, was zu krampfartigen Bewegungen mit aufgesperrten Augen führte. Und sein weißes Nylonhemd wurde klitschnass.*

# DER REDNER
Die richtige Person

Wenn die Medien ihre Experten auswählen, fragen sie nach:
Expertise,
Verständlichkeit,
Glaubwürdigkeit und
Präsenz.

Der Mao-Nachfolger Deng Xiaoping hat seinen Landsleuten vier Verhaltensempfehlungen mit auf den Weg gegeben:
Ruhig observieren und lernen (Expertise),
die Linie halten (Glaubwürdigkeit),
klare Antworten geben (Verständlichkeit),
die Sache anpacken, tatkräftig sein (Präsenz).

Zwei Quellen, aber dieselben Aussagen.

# EXPERTISE

## Sachkenntnis
*Wissen ist wie Sprengstoff, tot, wenn es nicht angezündet wird*

*„Too early seen unknown, and known too late."* In „Romeo und Julia" von William Shakespeare verliebt sich Julia in Romeo, ohne zu wissen, wer er ist. Das mangelnde Wissen hat leider fatale Konsequenzen. Das Richtige zu tun ist schwierig, wenn man es nicht kennt, und es fällt natürlich leichter, etwas Falsches zu tun, wenn man davon mangels Wissen überzeugt ist: Damals wusste ich nicht, heute weiß ich mehr, hätte ich damals bloß gewusst!

Und ein postfaktisches Verhalten, also „tatsächlich richtig" und „tatsächlich falsch" zu ignorieren, um dadurch andere emotional zu ärgern und so aus dem Gleichgewicht zu bringen, das ist zum Mindesten sehr unwürdig, obwohl leider manchmal von Erfolg gekrönt. Nein, Fakten nicht für irgendwas Spießiges oder intellektuell Zweitrangiges halten. Echtes Wissen weitervermitteln, Menschen aus dem Tal der Ahnungslosen führen, das ist eine stimulierende Redneraufgabe.

Sachverstand zu erwerben bedeutet mehr als sich eine bestimmte Menge Daten einzuverleiben, es bedeutet, mit den gewonnenen Sachkenntnissen umzugehen und sie in Taten umzusetzen. Das führt zwangsläufig zu einem Wissen, das wir nicht besitzen, also das wir noch (von anderen) lernen oder erfahren können. Wir dürfen, vor allem als Redner, nicht die Augen vor dem eigenen Wissensstand verschließen. Der amerikanische Politiker und Kriegsheld David Crockett meinte: *„Be always sure you're right – then go ahead."* Bewusstes Wissen wird irgendwann zu unbewusstem Verhalten, ja zu Gewohnheiten und Haltungen. Eine Art der Verkörperung, im Sport redet man hier von Automatismen. Ein schönes Beispiel dafür war die Spielweise der deutschen Fußballer bei der Weltmeisterschaft in Brasilien im Jahr 2014. Neue Lösungen lassen sich aus schon ausprobierten Ideen ableiten. Kreativität ist doch grundsätzlich nichts anderes, als wenn unterschiedliche Wissensbereiche oder Ideenräume miteinander verbunden werden und dadurch etwas Neues entsteht. Wie zum Beispiel das Auto aus Kutsche und Motor. Und es könnte sogar etwas noch Größeres entstehen als aus der einfachen Summe der Teile.

Der kluge Mensch besitzt nicht nur ein großes Wissen, sondern dadurch auch die Fähigkeit, intuitiv etwas Fremdes zu verstehen. Im weitesten Sinne so etwas wie die richtige Antwort auf die falsche Frage zu geben.

*Bei einer Volksabstimmung (direkte Demokratie) stimmen auch Menschen ab, die nicht alle gut informiert sind. Bei einer repräsentativen Demokratie stimmen Parlamentarier ab, die zumindest Fachkompetenz zur Verfügung haben.*

In einer Volksabstimmung in Schweden 1955 stimmte eine große Mehrheit (82,9 %) für den Verbleib von Linksverkehr. Im Jahr 1967 wurde trotzdem von links auf rechts umgestellt. Die Umstellung war, wenn nicht zwingend notwendig, doch sehr sinnvoll. Sämtliche Nachbarn im Norden und auf dem europäischen Kontinent fuhren auf der rechten Seite. Außerdem waren die Autos in Schweden schon vor der Umstellung linksgesteuert, das wohl aus Export/Import-Gründen. Die Kombination aus Linksverkehr und Linkssteuerung erschwerte aus Sichtgründen das Überholen.

Ein Beispiel dafür, dass begrenztes Wissen und Verständnis, kombiniert mit konservierenden, egozentrischen Gedanken ("Ich bin immer links gefahren, warum soll ich mich umstellen!"), nützliche Zukunftsprojekte verhindern oder verzögern.

## Visionen
*Visionen ohne Realitätsbezug sind Sehstörungen*

Für ein Projekt, eine Mission, werden unterschiedliche Menschentypen benötigt: Einige initiieren und bauen auf, andere führen durch und schließen ab. Allein kann kein Mensch ein modernes Flugzeug bauen, nur unter strukturierten Bedingungen in einer Gemeinschaft. Hier spielt eine gemeinsame Idee, eine Vision, eine große Rolle. Wir brauchen eine Vorstellung, wie es in der Zukunft werden soll, ein Ziel, für das wir uns engagieren und kümmern. Wer sich aber allzu lange mit einer wirklichkeitsfremden Vision, einer Illusion, aufhält, wer die Situation falsch einschätzt, der wird scheitern.

Sich mit Geld durchzusetzen ist bequem. Aber manchmal wird behauptet, dass Geld, um Menschen zu motivieren, erst eine Rolle spielt, wenn die Begeisterung nachlässt. Und laut der Kulturtheorie des französischen Sozialphilosophen Pierre Bourdieu gibt es unterschiedliche Arten von „Kapital": ökonomisches, soziales, symbolisches und kulturelles. Das impliziert, dass die Möglichkeiten, andere Menschen zu beeinflussen, „kapitalistisch gesehen" vierfach sind. Dem Redner stehen also mehrere Wege offen, seinem Vortrag Stärke zu verleihen.

Viele Manager geben sich gerne als Visionäre, was nicht selten in Marktradikalismus als Ideologie („Geiz ist geil") und knallhartem Pragmatismus als Vision („Nichts ist unmöglich") endet. Im Grunde nicht anders als Ausgaben zu reduzieren und Gewinne zu optimieren. Ein Manager sollte doch in erster Linie motivierend aufbauen, im Prinzip säen, und leitend durchführen, im Prinzip ernten. Ist das auch eine Vision?

Klar müssen wir unser tägliches Brot verdienen und Tätigkeiten nachgehen, die uns nicht begeistern. Dies fällt uns natürlich leichter, wenn wir davon überzeugt oder wenigstens damit einverstanden sind. Bei vielen Mitarbeitern gibt es eine Identifikation mit dem Unternehmen, nicht wenige sind sogar auf „ihre Firma" stolz. Der Firmenname an sich ist eine Vision, die Arbeit geht leichter von der Hand.

Aber häufig stimmen wir prinzipiell zu, lehnen aber bei der konkreten Durchführung ab. Das rationale Verständnis und auch die Emotionen stehen dahinter, aber das Wollen? Die Frühlingsarbeiten auf der Tennisanlage werden von den meisten Mitgliedern sowohl rational als auch emotional für sinnvoll erachtet. Aber wie viele machen mit? Ein Schub, eine Klärung der Lage wird notwendig. Deshalb wird der Redner, der Motivator, nicht nur die gemeinsamen Ideen und das große Bild vermitteln. Er begründet das Vorhaben zusätzlich mit einer Betrachtung der Wirklichkeit, mit realen Details. Und das auf eine deutliche, aber weniger befehlende Art: Das Auditorium sollte sich ernst genommen und bedeutungsvoll fühlen, ja fast wichtig. Das Unterfangen selbst muss außerdem durchführbar und kontrollierbar erscheinen.

Es liegt in der Natur der Sache, dass Visionen oft allzu pathetisch, also übertrieben gefühlvoll, formuliert werden und entsprechend wirken. Das ist gefährlich, denn von außen gesehen wirken alle „Religionen" lächerlich. Ein „fanatischer" Redner auch!

*Die Ländervertretungen der internationalen Firma sollten wie kleine Segelboote sein: nahe am Geschehen und so schnell beweglich.*
*Ein Dezennium später sollte die ganze Weltfirma wie ein Riesentanker sein: alle in die gleiche Richtung ziehend und so nicht zu stoppen.*
*Solchen Visionen wird nicht wirklich geglaubt, aber kurzfristig wirken sie trotzdem. Oder sie taugen*

*wenigstens als Rechtfertigung für strukturelle Reformen. Egal wie primitiv und naiv?*

## Perfektionismus
*Wenn alles vollkommen ist, ist es nicht mehr interessant*

Es gibt Plätze, die sind so perfekt und großartig, dass sie perspektivlos wirken. Sie strahlen eine kolossale Schönheit aus und vermitteln doch so eine beängstigende Ausdruckslosigkeit. Denken wir an gewisse Hochglanzprospekte. Das Fertige, das Perfekte blockiert das freie Denken: Phantasie und Kreativität tun sich schwer in einer „vollkommenen" Welt.

Die Begriffe Tüchtigkeit und Gründlichkeit sind eng mit Perfektionismus verbunden. Ein bisschen zu tüchtig und gründlich wirkt begrenzend, ja, geistig beschränkt. Das reale Ergebnis dieser Tugenden kann erschreckend sein, siehe die National-sozialisten. Jede Tugend kann sich bekanntlich in ihr Gegenteil verkehren.

Der Redner und seine Botschaft sollen Entwicklungsfähigkeit signalisieren, nicht Vollkommenheit. Ein Vortrag muss, ohne das essentielle Grundkonzept aus den Augen zu verlieren, offen sein. Im Prinzip nicht ganz abgeschlossen und deshalb inspirierend und weiterführend: Das fertig gelegte Puzzle ist „übersichtlich", das ungelegte Puzzle „auffordernd".

Wer allzu verbissen nach Perfektion strebt, ist ein Gefangener des Uhrwerkes und kommt aus dem Kreis nicht heraus.

*Die Einfahrt führt aufwärts durch ein kleines Waldstück. Nach kurzer Zeit wird die Sicht auf das offene, großzügige Hanggelände frei. Da liegt das kleine Schlosshotel samt Nebengebäude, das Restaurant mit dem romantischen Rosengarten, das Naturschwimmbad mit Seerosen, der Schlosspark mit dem Blick auf den herrlichen See unterhalb. Alles wunderschön gepflegt, überall passende Sitzgelegenheiten. Es ist perfekt, sehr harmonisch und ästhetisch! Ich wüsste nicht, was ich ändern wollen würde. Trotzdem, ich will nicht sagen, dass ich mich dort nicht wohl fühle. Nein, es ist schon gut anzuschauen. Doch es kitzelt nicht, es inspiriert nicht. Ich habe dort nie etwas gegessen oder getrunken.*

## Phantasie
*Frei zu denken ist groß, aber richtig zu denken ist größer*

Der Kinderbuchautor Helme Heine schreibt, dass die Phantasie mächtiger ist als das Schwert. Es reicht nicht! Phantasie ist nicht nur mächtig, sondern dringend notwendig für unsere Entwicklung, sonst wird sie statisch, ja rückläufig.

Um das eigene Urteilsvermögen, sprich unsere Vernunft, zu benutzen, benötigen wir Phantasie. Auch unsere Pläne selbst zu machen, also frei zu gestalten, setzt Phantasie voraus. Immanuel Kant hat postuliert, dass die Fähigkeiten zu Vernunft und Freiheit uns zu Menschen machen. Und erst recht zu guten Rednern. Wir dürfen keine freien Gedanken in eine Zelle ohne Schlüssel einsperren. Quer zu denken muss erlaubt sein, Andersdenken darf nicht mit Prinzipienlosigkeit verwechselt werden. Unkonventionelle, nicht ganz logische Sprünge können sehr nützlich, weiterführend und erfrischend sein. Striktes logisches Denken könnte sogar die Fähigkeit, das Ganze zu erfassen, erschweren. Wer nur geradeaus denkt, sieht die seitlichen Abzweigungen nicht, eine Art, mit Scheuklappen zu denken.

Allerdings müssen persönliche und soziale Konsequenzen berücksichtigt werden. Phantasievolle Ideen dürfen nicht ins Chaos führen oder destruktive Ziele verfolgen. Gerne die Gedanken laufen lassen, aber gleichzeitig zügeln. Die Füße bleiben auf der Erde, aber der Kopf schwebt frei, wir können von kontrolliertem Optimismus reden. Das ist kein Wiederspruch, in Bayern sprach man mal von „Laptop und Lederhosen" (Edmund Stoiber, ehemaliger bayerischer Ministerpräsident). Bodenständig, aber gleichzeitig zukunftsorientiert.

Der talentierte Redner ist phantasievoll, aber auch geerdet.

*Der Mensch kann einen Vogel nicht in seiner Hand festhalten.*
*Der Vogel muss fliegen können.*
*Aber der Vogel könnte dann ganz wegfliegen.*
*Deshalb brauchen wir einen Käfig.*
*(Chinesische Weisheit)*

# VERSTÄNDLICHKEIT

## Berichten
*Kleine Worte, die große Gedanken ausdrücken*

Ein Elementarziel der Redner ist es, das Thema sprachlich verständlich zu präsentieren. Es ist natürlich fatal, wenn das Auditorium nicht versteht, was der Redner sagt. Oder wenn die Zuhörer merken, dass der Redner selbst nicht ganz versteht, was er sagt oder sagen möchte. Es ist deswegen sehr empfehlenswert, eine Präsentation für sich selbst laut und deutlich, sprich artikuliert, zu üben. Ja, sich selbst beim Reden wirklich zuhören – es geht!

Einigen Menschen fehlt die flüssige Sprache. Sie erinnern schwer an die letzten drei Buchstaben des schwedischen Alphabets: Å (Oh), Ä (Äh) und Ö (Öh). Nicht jeder ist ein Redner.

Wer eine umständliche Ausdrucksweise benutzt, verbreitet einen sprachlichen Nebelschleier. Ein klassisches Beispiel dafür ist die doppelte Negation. Zweimal „nein" entspricht mathematisch „ja". Der Satz: *„Es wurde noch nicht nicht beendet"*, soll wohl „fast fertig" andeuten – wie ein Berliner Flughafen.

Die Verwendung religiöser Symbole, „Gott", „Prophet" usw., ist von hoher Interpretationsoffenheit geprägt. Die Ausdrücke lassen sich unterschiedlich und wunschgemäß auslegen.

Wer sich untypisch bis fehlerhaft ausdrückt, wirkt unsicher, ja laienhaft. Obwohl die Wörter „Beziehung", „Verhältnis" und „Freundschaft" fast beliebig austauschbar sind, ist die bedeutungsschwere und übliche Ausdrucksweise: die transatlantische Beziehung zu Amerika, das historische Verhältnis zu Israel und die deutsch-französische Freundschaft.

Umgekehrt kann der verbal klare Redner die Verständlichkeit seiner Ausführung und somit auch die persönliche Glaubwürdigkeit steigern. Werden bekannte oder deutlich definierte, wie unterwegs erklärte, Ausdrücke und Abkürzungen angewendet, werden sowohl das Reden als auch das Verstehen erleichtert: Wir sagen einfach „die USA" oder „Amerika" und selten „die Vereinigten Staaten von Amerika".

Die Bezeichnung „der Redner" hier im Text ist selbstverständlich als geschlechtsneutral zu verstehen. Es geht nur um die Tätigkeit. Diese Schreibweise ist formal nicht ganz korrekt, aber sehr flüssig. Ganz im Gegenteil zu politisch gefärbten „Liebe Genossinnen und Genossen" – langgestreckt und artifiziell, und so ein Stolperstein für den Redefluss.

Verbal eine Idee klar zu formulieren ist etwas anderes als eine Idee umzusetzen. Aber eine Idee, die nicht verständlich formuliert wird, wird kaum verwirklicht.

*Meine Frau und ich haben mal einen Segelkurs besucht. Ich muss zugeben, dass das Lehrbuch oft auf der Toilette zu finden war, also ungestörtes Lesen. Ein Übernachtungsgast hatte das Buch durchgeblättert und war beim folgenden Satz hängengeblieben: „Hart am Wind fällt der scheinbare Wind vorlicher ein als der wahre Wind und weht stärker." Der Gast hat jedes Wort verstanden, aber nichts begriffen. Und er konnte nach dem Lesen auch nicht segeln.*

## Kommentieren
*Es ist schön, wenn die Sprache ein wenig Farbe erfährt*

Einige Menschen besitzen eine natürliche Begabung, animierend auf verbalen Füßen unterwegs zu sein. Ja, sie können fast das Telefonbuch ablesen und es klingt wie Poesie. Man hört ihnen gern zu!

Talent, ja, aber einiges kann vorbereitet und memoriert werden. Zum Beispiel sich zu merken, gute Sachen zu sagen und im richtigen Zusammenhang einzusetzen, alle Politiker tun das. In erster Linie sind Metaphern (Bedeutungsübertragungen) und Analogien (ähnliche Sachverhalte), also ungewöhnliche oder doppelsinnige Vergleiche, bereichernd. Auch witzige Ausdrücke, Anekdoten, versteckte Pointen, Zitate, Reime oder Alliterationen (Wörter mit dem gleichen Anfangslaut), ja Untertreibungen und Übertreibungen, sie können alle zusätzlich erklärend wirken, wie Bilder. Statt „überrissenes Topspin" sagt der Tennislehrer „Scheibenwischer-Schlag".

Einige Worte sind mehrdeutig. „Modern" kann „neu", „gegenwärtig" oder sogar „vorübergehend" implizieren. Der Redner kann damit schön spielen, die Botschaft deshalb allerdings nicht vage oder mehrdeutig werden lassen.

Ein Wort kann wirkmächtig sein, obwohl es unprätentiös klingt, denken wir an das Wort „kaputt". Mit diesem einfachen, ja glanzlosen Wort ist alles gesagt. Das englische Wort für ernsthaft, „sincere", steht ursprünglich für „ohne Wachs" (sine cera), also glanzlos: Wer etwas Ernsthaftes sagen möchte, soll sich einfach ausdrücken. Ein bisschen wie der Philosoph Arthur Schopenhauer:

*„Sage ungewöhnliche Dinge und gebrauche gewöhnliche Worte."*

## Plaudern

*Man kann aus einem Aquarium eine Fischsuppe machen, aber man kann aus einer Fischsuppe kein Aquarium machen.*

Eine Rede darf natürlich nicht zu einem Springbrunnen voller lächerlicher Klischees oder Platituden werden. Wir dürfen nicht durch einfallslose Sprüche das eigene Unwissen und die eigene Unsicherheit verstecken.

Auch als Erwachsener krampfartig die Junge-Leute-Sprache zu imitieren, und das auch noch zeitlich verspätet, ist peinlich.

Es wirkt unglaubhaft, ja manipulierend und verkünstelt, wenn die eingeübte Rolle aus dem Sprachlabor (der Sprachroboter) deutlich durchklingt. Wie die fröhliche Verkaufsstimme, die uns am Telefon begeistert zuruft: *„Schön, dass ich Sie persönlich antreffe!"* Und das, obwohl wir diese Person nie gesprochen oder gesehen haben und wahrscheinlich nie persönlich treffen werden.

Oft wird verbal übertrieben. Jemand spricht geschliffen eine Viertelstunde lang. Nachher kann man sich an nichts Wesentliches erinnern. Eine vielleicht lustige, aber folgenlose Phrasendrescherei, wo die Logik durch Rhetorik bewusst überspielt wurde: reinste Wohlfühlrhetorik bis hin zu Verbalerotik. Man stellt sich die Frage, ob das, was der Redner sagt, uns ermüdet – oder schlichtweg der Redner in Person.

Es wurde gesagt, dass die menschliche Sprache das unvollkommenste aller Instrumente der Seele ist, und dass alle menschlichen Organe irgendwann müde werden, nur die Zunge nicht.

*In einem Zeitungsbericht war folgende Manager-Aussage zu lesen:*
*„Im Verlauf der Entwicklungsarbeit haben wir festgestellt, dass wir bei der wirtschaftlichen Umsetzung dieser Technologie in der Breitenversorgung zu ambitioniert waren."*
*Lauter positive Wörter: Entwicklungsarbeit, wirtschaftliche Umsetzung, Technologie, Breitenversorgung, ambitioniert. Und das, obwohl das Zitat*

*grundsätzlich ein Eingeständnis ist: Etwas wurde hergestellt, was nicht zu verkaufen war. Wird die Aussage wirklich auch so aufgefasst? Unternehmenslyrik mit Verschleierungsrhetorik!*

## Fremdsprachen
*Übersetzen oder interpretieren?*

Verschiedene Sprachen zu sprechen bedeutet zusätzlich, unterschiedliche Gefühle, Gedanken und Vorgehensweisen kennenzulernen. Der „Rösti-Graben" zwischen der Schweiz und Deutschland ist nicht nur eine (kleine?) sprachliche, sondern eine kulturelle, ja emotionale Grenze. Wer mal den eigenen Ort mit der Sprache der Außenwelt betrachtet, denkt überlegter und reifer.

Wir beneiden Menschen, die mehrere Sprachen sprechen. Aber sich in keiner Sprache ganz sicher und „schreibfest" zu fühlen, diese nicht ungewöhnliche Situation wird oft unterschätzt. Eine eigene Sprache ist nicht nur eine persönliche Identität, sie ist eine notwendige Voraussetzung der geistigen Tätigkeit und Entwicklung.

Englisch ist mehr als eine Muttersprache, es ist ein weltübergreifendes Kommunikationswerkzeug geworden. In einer Präsentation auf Deutsch werden heutzutage englische Ausdrücke und Textpassagen verwendet, und das sogar aus Verständnisgründen. Der Redner kann nicht geläufige Fremdwörter beiläufig und im Zusammenhang verbal erklären wie andere fremde Ausdrücke auch. Doch unnötig englische Ausdrücke zu benutzen könnte auf elitären Snobismus oder bewusstes Abgrenzen hindeuten. So etwas erhöht die Verständlichkeit einer Rede natürlich nicht. Nur zu übersetzen reicht oft nicht, Texte müssen interpretiert werden. Ein übersetzter Fragebogen muss, bevor er benutzt wird, validiert werden. So wird durch ein Testverfahren überprüft, ob die übersetzten Fragen auch wirklich sinngemäß verstanden werden, also von den Gefragten richtig interpretiert werden.

Bei einer guten Interpretation kann sogar etwas vorher nicht Vordergründiges dazugewonnen werden. Verfilmte Bücher werden vertieft und verfeinert und sie senden so ganz eigene Botschaften. So kann eine, in den Vortrag eingebaute, persönliche Interpretation (Meinung) des Redners belebend wirken.

*Ich hatte mal eine Kollegin, die eine neue Arbeitsaufgabe bekam und infolgedessen einen Vortrag halten musste. In ihrem Vortrag hatte sie alle englischen Ausdrücke ins Deutsche übersetzt. Es hätte komisch sein können, wäre es nicht so grotesk gewesen.*

## Verstärken
*Etwas zu betonen ist nicht nur eine Frage der Lautstärke*

Zwar wissen Politiker: Wenn die Argumente schwach sind, muss man lauter reden. Aber der Poet hat erkannt, dass ein geflüstertes Wort verweht und ein gebrülltes Wort verzerrt. Etwas zu verstärken geht natürlich am einfachsten mit der reinen Machtsprache, Befehle wie beim Militär. Bezeichnenderweise ist die geschliffene Machtsprache aber nur eine Winzigkeit von der Alltagssprache entfernt. Irgendetwas wird weich angedeutet, aber von allen trotzdem sofort verstanden. Denken wir an die Ankündigung der Öffnung der Berliner Mauer. Erst die Stille und dann die entscheidenden Worte.

Schöner als die Benutzung der Machtsprache sind kleine sprachliche Mittel beiläufig, aber wirkungsvoll auszuspielen:

Ein kleines, aber langgezogenes „u-n-d" vorneweg reicht, um etwas zu unterstreichen. Und wer statt „Ja" dafür „Oh ja" sagt, zementiert seine Zustimmung. „Ach ja" signalisiert eher Zweifel. Die Betonung macht die Musik.

Die vornehme und profane Sprache zu kombinieren ist effektvoll: *„Mit Verlaub, Herr Präsident, Sie sind ein Arschloch." (Joschka Fischer)* So wird Aufmerksamkeit erreicht.

Oder ironischerweise ein eigentlich positives Wort zu benutzen, um etwas Negatives auszudrücken: Wir sagen „viel" und meinen „zu viel". Die Zuhörer werden zum Schmunzeln verführt.

Berichte aus der Vergangenheit sind wunderbare, verstärkende Verständnisvermittler. Zeitungen verwenden bekanntlich Infokästchen, um Hintergrundwissen zu vermitteln. Angela Merkel hat in einer schwierigen Situation (Flüchtlingschaos) auf drei Erfolgsgeschichten aus vergangen Zeiten hingewiesen: den Wiederaufbau mit Konrad Adenauer, das Wirtschaftswunder von Ludwig Erhard und die Wiedervereinigung unter Helmut Kohl. Ihre bekannte Schlussfolgerung: Wir schaffen das (wieder)! Das Thema wurde mit einer Legende aufgeladen.

Und die Positionsverstärkung beherzigen: Was anfangs und am Ende einer Präsentation gesagt wird, bleibt eher in Erinnerung.

*Austerität steht ursprünglich für Bescheidenheit, Sparsamkeit oder Ernsthaftigkeit. In der Finanzwelt versteht man darunter heute die Kürzung staatlicher Ausgaben, um einen ausgeglichenen Haushalt zu erreichen. So wurde die ursprüngliche moralische Komponente des Wortes für politische Zwecke benutzt. Auch eine Art der Verstärkung!*

Wiederholen
*Was immer wieder erwähnt wird, wird irgendwann geglaubt*

Etwas zu wiederholen gibt ein Gefühl von Sicherheit und macht Nachdenken überflüssig. So sollen bei

Werbeaussagen Bewertungen, ja „Wahrheiten", durch Dauerimpfung entstehen. Die Wikinger werden immer, also wiederholt, mit Hörnern auf den Helmen abgebildet. Wahr ist, dass die Wikinger nie Hörner auf ihren Helmen trugen. Aber versuchen Sie, jemandem das klarzumachen! Das Phänomen wird Confirmation-Bias genannt. Umgekehrt wird durch das Nicht-Erwähnen die Realität verdrängt, existiert im Bewusstsein nicht mehr: Die Medien berichten nicht mehr, und die Sache wird vergessen.

Vorgänge werden also grundsätzlich wiederholt, erstens, damit wir sie aufnehmen, und zweitens, damit wir sie nicht vergessen. Besonders stark wirkt eine Botschaft, wenn man sie aus mehreren, am besten ganz unterschiedlichen Quellen oder auf unterschiedliche Weise erfährt. Wer eine Restaurantempfehlung im Kollegenkreis aufschnappt und nachher dieselbe Empfehlung in der Sportgruppe erfährt, der geht auch dorthin.

Der Redner gibt zu Anfang der Präsentation einen allgemeinen Überblick. Dann wird er spezifischer, detaillierter. Und nach dem Tiefgang wird nochmals summarisch rekapituliert. So wiederholt der geschickte Redner pädagogisch, ja fast unbemerkt und ohne Dauerimpfung. Durch diese Vorgehensweise wird die Verständlichkeit erhöht.

Nebenbei bemerkt: Wer sich einem Film oder einem Buch wiederholt widmet, achtet auf andere Details, versteht mehr und bekommt teilweise neue Eindrücke. Nur böse Zungen behaupten, dass man ein Buch so oft lesen kann, bis man gar nichts mehr versteht.

*Das junge deutsche Ehepaar war zum ersten Mal in Florida und ging am ersten Abend in das schöne Strandrestaurant: „Hello, my name is Tom. I'm your waiter for this evening." Nach Toms Empfehlung entschieden sich beide für das frische Fischgericht. Das Essen kam. „Let me guess, this is for you and this is for you." Hat gut geschmeckt, es war wirklich ein sehr schöner Abend.*

*Am nächsten Abend gingen unsere Freunde wieder in dasselbe Lokal und sie wurden erneut von Tom begrüßt: „Hello, my name is Tom. I'm your waiter for this evening." Auch diesmal bestellten die beiden das gleiche Gericht. Tom brachte das Essen: „Let me guess, this is for you and this is for you."*

*Am dritten Abend sind sie in ein anderes Restaurant gegangen.*

# GLAUBWÜRDIGKEIT

## Konzentration
*Nicht nur Disziplin und Konsistenz; sie ist eine bessere Kultur*

Eine wache Präsenz des Redners vermittelt Vertrauen, das Auditorium fühlt sich ernst genommen. Konzentriert auftretende Menschen strahlen Lebenstauglichkeit aus, ihnen wird geglaubt, und ihnen wird zugetraut, etwas bewegen zu können. Eine aufmerksame Ausstrahlung erzeugt also ein Gefühl von Glaubwürdigkeit und Zuversicht, was eine natürliche Autorität des Redners fördert. Wie der gute Handwerker, der sich die Sache erst genau anschaut, sich langsam einige Male über das Kinn streicht und dann fundiert und plausibel erklärt, wie er gedenkt vorzugehen.

Konzentriert zu agieren bedeutet, ohne Umwege zu gehen und ohne Unruhe zu stiften die effizienteste Vorgehensweise zu finden, um das festgelegte Ziel zu erreichen. Statt sich zu verzetteln und über diverse Medien umfangreich zu kommunizieren – sich in Szene zu setzen –, ist es oft sinnvoller, einfach miteinander zu reden. Und so durch Fragen und Antworten, auf eine direkte Art, einvernehmliche Verfahren und Lösungen zu suchen und zu finden.

Wir sollten allerdings realisieren, dass der erste Kommunikationsschritt innerhalb des Redners abläuft. Der Cartoonist Jules Feiffer schreibt: *„Actually, the breakdown is between the person and* *himself. If you're not able to communicate successfully between yourself and yourself, how are you supposed to make it with the stranger outside?"*

Konzentration ist mehr als Effizienz- und Produktivitätssteigerung, sie ist eine positive, richtungsweisende Lebenseinstellung.

*Sie bringt jeden Tag etwas Neues*
*Doch selbst bleibt sie seit Jahrzehnten fast unverändert*
*Sie ist einfach und sauber*
*Sie ist konzentriert, kurz und knapp sowie direkt und deutlich*
*Sie ist zweifelsohne populär*
*Die Tagesschau um 8*


## Bescheidenheit
*Unterhalb oder oberhalb des Ziels sind auch daneben*

Bescheidenheit wird manchmal mit Demut, sprich Unterwerfung, verwechselt. Aber eine natürliche Zurückhaltung wirkt eher reif und sympathisch, sie erleichtert es, persönliche Beziehungen zu knüpfen, und öffnet so Tür und Tor. Viele Menschen wollen es nicht wahrhaben, dass es eine Stärke ist, sich zu seinen eigenen Schwächen zu bekennen, sich nicht als Superstar einschätzen zu lassen. Sogar anfangs ein kleines bisschen unterschätzt zu werden; das kann wirklich später ein Vorteil sein. Da man nicht sofort unter starker Beobachtung oder Druck steht, hat man mehr Zeit, eine Situation zu beobachten und zu verstehen, und man kann den richtigen Moment abwarten und dann überlegt handeln.

Ein fast kriegerisches Selbstbewusstsein, bedingt durch Macht und Größe, fördert die Selbstüberschätzung, also mehr sein zu wollen, als man tatsächlich ist. Der englische Politiker Oliver Cromwell hat festgestellt, dass ein Mensch nicht wirklich besitzt, was er durch Gewalt erreicht. Machtgierige Alphamännchen, die immer „mehr haben wollen", und dominant dozierende Selbstdarsteller, die immer „mehr sein wollen", hinterlassen Unbehagen und Misstrauen. Solche Menschen, scheinbar ohne Selbstzweifel, sind fragwürdige Persönlichkeiten. Sie werden auch so wahrgenommen, und das besonders als Redner.

Natürliche Bescheidenheit hat viel mit bewusstem, ja positivem Verzicht zu tun. Aber bestimmt nichts mit einem religiös oder politisch begründeten Verzicht-und-Pflicht-Prinzip, also moralischer Unterdrückung. Wir können und dürfen, aber wir mögen oder wollen nicht; wir entscheiden selber: „In der Stadt gab es mehrere schöne Lokale, wir könnten wählen, irgendwo hinzugehen, aber es war wunderbar, daheim zu essen." Verzicht bedeutet nicht selten, die Belohnung für später aufzuheben, denn reife Früchte schmecken besser als unreife.

*Gedanken zur Wichtigkeit und Wirklichkeit*

*Haben Menschen, die es für wichtig halten, „jemand"*
*zu sein, überlegt, wie schön es ist, „niemand" zu*
*sein? Ein Gefühl wie ein jungfräulicher Sommer-*
*morgen, frisch und neu.*
*Die Essenz im Leben ist nicht, schneller, höher*
*oder weiter, olympiareif, zu sein. Und es geht auch*
*nicht darum, Berge zu versetzen; eher zu sehen und*
*zu verstehen. Da ist mehr im Leben als nur Spaß zu*
*suchen. Zufriedenheit und Glück sind weniger von*
*individuellem Erfolg und Karriere als von sozialer*
*Integrität abhängig. So ist eine glückliche Ehe oder*
*Beziehung – nicht auf Facebook – wichtiger als ein*
*beruflicher Erfolg.*
*Allzu hohe Erwartungen sind schnell zukünftige*
*Niederlagen, die, so gesehen, im Voraus geplant*
*wurden. Immer mehr gesuchtes und versprochenes*
*Glück erhöht automatisch das Maß an Enttäuschung.*
*Natürlich braucht ein Mensch auch Erfolg, aber wir*
*sollten für das Essentielle im Leben kämpfen. Vieles*
*ist egal. Wir sind auf diese Welt ohne etwas*
*gekommen, und wir werden sie auch so verlassen.*
*Das Leben, das wir haben, ist von größerer*
*Bedeutung als das Leben, das wir suchen.*

## Verantwortung
*Wenn Unkraut Wurzeln geschlagen hat, kann es*
*sein, dass es eines Tages nicht anderes gibt;*
*Flächenbrand*

Es ist fast immer einfacher, etwas zu zerstören als es aufzubauen. Aber manchmal muss erst zerstört werden, damit etwas Neues entstehen kann. Auch geistig gesehen, von schöpferischer Zerstörung wird gesprochen. Der Dichter Bertolt Brecht hat sogar postuliert, dass Frieden nur Schlamperei ist, erst der Krieg schafft Ordnung.

Wir wissen alle: Nur, weil die Dinge so sind, heißt es nicht, dass sie so sein sollten. Da muss etwas geändert werden, es geht nicht so weiter. In solchen Situationen haben lauwarme Kompromisse wenig Platz, da sonst Unklarheit und Unzufriedenheit dauernd wiederkehrende Konflikte anfeuern. Hier soll der Redner klar und deutlich Stellung nehmen und die Initiative ergreifen. Denn nur Alarm zu schlagen genügt nicht, er muss sich vergewissern, dass das auch gehört wird: *„If a tree falls in the forest and no one hears it fall, does it make a noise?"* *(Donna Leon, Schriftstellerin)*

Eine dumme und feige Art, der Verantwortung auszuweichen, ist die Aussage: *„Dazu sage ich nichts."* Dumm, weil daher indirekt eine Nicht-einverstanden-Antwort gegeben wurde. Feige, weil die Person (der Redner) versucht, hoffentlich vergebens, alle persönlichen Optionen offen-zuhalten. Eigentlich ähnlich wie die drei Affen, die nichts Problematisches sehen, hören oder sagen wollten.

Verheerend ist es, wenn „die Frage" nicht deutlich ausgesprochen wird und nur an „der Fragestellung" herumgeeiert wird. Eine Diskussion wird über den Umriss der Dinge, über die Peripherie, und nicht über die Dinge selbst geführt. Das ist ein nicht seltenes juristisches Problem – zeitfressend und verzerrend.

Oder wenn etwas tatsächlich Bedeutendes aus Überheblichkeit weggescherzt wird und so Entscheidungen hinausgezögert werden, bis es zu spät ist. Eine verzögerte Klarstellung kann wie eine Zeitbombe wirken: Denn die allermeisten Regel-verstöße in großen Unternehmen werden nicht von oben befohlen, sie schleichen sich durch Unachtsamkeit und Nichtbeachtung langsam ein.

Da der Redner vorne steht, ist er in einer führenden Position: Er muss Verantwortung tragen und eine gesunde Entwicklung fördern. Das heißt aktiv Probleme zu lösen oder wenigstens die Probleme lösungsbereit zu machen und nicht nur Probleme zu delegieren. Er soll Entwicklungen anregen. Durch „versteckte Aktivitäten" kann man mit einer Verzögerungstaktik Zeit gewinnen oder mittels Lobbyismus möglicherweise günstigere Bedingungen schaffen. Aber sehr schwer ohne „offene Aktivitäten" – sprich klare Worte des Redners – wirklich erstrebenswerte Ziele erreichen.

*Die junge, ausländisch aussehende Frau wurde von zwei Männern in der U-Bahn angepöbelt. Sofort stand eine andere Frau auf und setzte sich zum Opfer. Bei der nächsten Haltestelle stiegen die Männer aus. Die helfende Frau hat Zivilcourage gezeigt und richtig reagiert. Nicht die Männer angegriffen, sondern die Nähe des Opfers gesucht, und das schnell und nicht zögerlich. Sie hat*

*Verantwortung sofort übernommen, ja sich in den Bach gestemmt, bevor er zum Fluss wurde.*

## Offenheit

*Andere zu sich selber einladen*

Als Klaus Wowereit regierender Bürgermeister von Berlin wurde, hat er laut und deutlich erklärt: *„Ich bin schwul – und das ist auch gut so!"*
Viele Menschen haben aber eine starke Abneigung dagegen, etwas Privates preiszugeben. Das hat sicher auch damit zu tun, dass die meisten Menschen das Risiko, etwas Vorhandenes zu verlieren, emotional schwerwiegender empfinden als die Möglichkeit, etwas Neues dazuzugewinnen. Einige bauen regelrecht Schutzzonen auf. Sogar Familienfotos auf dem Schreibtisch signalisieren, bewusst oder unbewusst, Privatsphäre: „Sie sind hier nur ein geduldeter Gast." Im Prinzip nach dem Motto: „Wer das Fenster allzu weit öffnet, lässt die Fliegen herein."
Und doch! Etwas Persönliches, ja „Echtes" zu erzählen, das berührt die Herzen unserer Mitmenschen. Es geht für den Redner nicht darum, einen Raum voller fremder Menschen mit künstlicher Intimität, ja Klebrigkeit, zu füllen, sondern respektvolles Vertrauen anderen gegenüber zu zeigen. Die Kommunikation läuft dann auf einem anderen Level, unbeschwerter und nicht atemlos (durch die Nacht).

*Die Ehefrau des Chefs wurde nach dem Firmenfest beim Autofahren mit zu viel Alkohol im Blut erwischt und musste einen Monat ohne Führerschein auskommen. Sie versuchte diese peinliche Tatsache den Nachbarn nicht zu verheimlichen, sondern erzählte die wahre Geschichte. Die Folge: Sie erhielt viel Einkaufshilfe und Fahrdienst.*
*Wer etwas gibt (zugibt), bekommt oft, zumindest im übertragenen Sinne, mehr zurück.*

## Körpersprache
*Es ist schwierig, mit dem Körper zu lügen*

Die soziale Kompetenz eines Menschen und die innere Gefühlswelt sind eng mit der Reife des Bewegungssystems und so mit der Körpersprache verknüpft: Glückliche Menschen bewegen sich glücklich, traurige bewegen sich traurig, ja sogar mächtige Menschen bewegen sich mächtig. Was wir denken und fühlen, können wir bekanntlich nicht so leicht verstecken, vor allem die Augen und die Art des Lächelns verraten uns. Manchmal werden sogar innere Konflikte sichtbar: Der Mund sagt „nein, nein", aber die Augen sagen „ja, ja". Das Phänomen wird Inkongruenz genannt.

Körperliche Krankheiten haben seelische Folgen und seelische Krankheiten haben körperliche Folgen; das ist eine uralte medizinische Weisheit. Wer einen

Vortrag hält, ist durch Anspannung seelisch belastet, und das macht sich durch Unruhe körperlich bemerkbar. Aber einige Schwächen und Unsicherheiten der Körpersprache können einfach durch Überlegung und Training vermieden werden. Hier ein paar Beispiele:

Unruhige Bewegungen und übertriebenes Gestikulieren, vor allem oberhalb der Schulter, machen einen nervösen Eindruck, und sie irritieren das Auditorium.

Wir verlieren den etablierten Kontakt, wenn wir mit dem Rücken zum Publikum reden.

Monotone Kopfbewegungen von links nach rechts und zurück, wie ein Radar, sind einstudiert und wirken so unglaubwürdig.

Abwertende Gesten, wie Augenverdrehen, sind verletzend, sie wecken böses Blut.

Die Zuhörer fühlen sich abgestuft, wenn der Redner die Hände in die Hosentaschen steckt. Es wirkt arrogant, ist aber öfters eher Unsicherheit. Beides ist natürlich nicht gut.

Die eigene Körpersprache kann auch bewusst positive Signale senden. Zum Beispiel durch einfache Rituale, die in erster Linie die Selbstkontrolle unterstützen. Solche „Gewohnheiten" wirken beruhigend, und das auch auf das Publikum. Denken wir an drei Bewegungsabläufe mit der Brille:

Die Brille vorne auf die Nase setzen und (bedeutungsvoll) obendrüber schauen.

Die Brille am ausgestreckten Arm als Zeigestock (betonend) benutzen.

Eine Kunstpause konstruieren (geistige Verdauung), indem die Brille langsam hinuntergenommen und zusammengeklappt wird.

Die Körpersprache erzählt uns viel und wir können damit bewusst viel erzählen.

*Ein Sonnenstrahl*
*Ihre Rede, ja ihr Lächeln und ihr Lachen kamen vom tiefsten Inneren*
*Mund und Augen strahlten und sprachen*
*Ihre warme Seele wurde in ihrem Gesicht gespiegelt*

*Der Charme eines Haifisches*
*Sie lachte zwar oft, aber laut und schrill*
*Ihr gejagtes Lachen erreichte nie ihre Reptilien-Augen*
*Ein schiefes Lächeln, bei dem es kalt wurde*

Gefühle
*Emotionen bestimmen die Wertigkeit, der Verstand wählt davon nur aus*

Es wird behauptet, dass es drei Dinge gibt, die man sich im Leben nicht aussuchen kann: die Mutter, den Vater und den Fußballverein. Der französische Naturwissenschaftler und Philosoph Blaise Pascal hat es anders formuliert: *„Das Herz hat Gründe, von denen der Kopf nichts weiß."*
Gefühle prägen unser Leben, wir leben nicht nur in der Welt des Verstandes. Ausgesetzt einer der sechs

Grundemotionen: *Ekel, Freude, Trauer, Verblüffung, Angst* und *Ärger,* reagieren wir sehr unkontrolliert. Erst nach einer Weile sind wir, wenn überhaupt, in der Lage bewusst nachzudenken. Also unseren Verstand einzuschalten und so die Emotionen einzuordnen und zu kontrollieren. Situationen können gefühlsmäßig individuell unterschiedlich aufgefasst werden. Die Person, die sich kümmert, empfindet das Kümmern gerne als eine Art der Liebe. Die Person, um die sich gekümmert wird, oft als eine Art der Kontrolle. Ähnlich wie das Mutter-Kind-Muster: Ein Pullover ist ein Kleidungsstück, das kleine Buben anziehen müssen, wenn die Mütter frieren.

Der Redner hat Gefühle, die Zuhörer auch, sie müssen nicht die gleichen sein. Der kluge Redner weiß das, er handelt zwar rational, aber er verkennt nie und nimmer die Wichtigkeit der Emotionen – wie gesagt, seine eigene auch nicht.

*Es schlägt aus heiterem Himmel zu*
*Schön und mysteriös*
*Es kommt von tief innen drin und übertrumpft alles andere*
*Es macht auf einmal ängstlich, dumm und glücklich*
*Man fühlt sich herausgefordert und lebendig*
*Das Gefühl wird Liebe genannt*

## Kleidung
*Allzu starker Glanz kann Strahlenschaden verursachen*

Maria Sebregondi, die das kleine, schwarze Notizbuch Moleskine neu erfunden hat, behauptet, dass es nicht mehr so sehr die Familie oder die Heimatstadt sind, die heutzutage unsere persönliche Identität ausmachen, sondern die Objekte, die wir ständig bei uns tragen: *„Kleider machen Leute."* *(Hauptmann von Köpenick)*

Aber wenn die Kleidung und die Accessoires als Schutzpanzer dienen oder nur eine Kaschierung fehlender Qualitäten darstellen, dann ist die Person darin mehr verkleidet als gekleidet – eine geborgte Identität! In dem Märchen *Des Kaisers neue Kleidung* von H. C. Andersen wurde dem Kaiser und seinen Lakaien vorgegaukelt, dass nur besonders Ausgewählte die schönen, neuen Klamotten des Kaisers sehen könnten. Nur das „unschuldige" Kind sagte die Wahrheit. Nämlich, dass der Kaiser gar keine Kleider anhatte.

Dass durch die Kleiderwahl des Redners bestimmte persönliche Vorzüge und Vorteile betont werden, und dass das Auditorium das bemerkt und bewundert, das ist wohl mehr als in Ordnung. Schlimm wird es aber, wenn die Zuhörer sich auf nichts anderes konzentrieren können. Wenn die Kleidung so provozierend wirkt, dass sie vom Vortrag ablenkt. Außerdem tendiert „overdressed" schnell dazu, lächerlich zu wirken.

Für Redner sind Sakko oder Blazer ideale Kleidungsstücke. Wer nur in kurzärmligem Hemd oder Bluse erscheint, macht auf den ersten Blick keinen erwachsenen und kompetenten Eindruck. Das Sakko macht die Krawatte entbehrlich und die verschwitzten Achselhöhlen unsichtbar. Es ist wunderbar kombinierbar und hat Taschen für diverse kleine Utensilien, die sonst störend und unkontrolliert herumliegen.

Doch das Wichtigste ist, dass wir uns in unserer Kleidung wohl fühlen, was sicher davon abhängt, dass wir für die Situation passend gekleidet sind. Und das erst recht beim Präsentieren.

*Das kleine Mädchen wundert sich, dass sie den Weihnachtsmann sehen kann, aber es gibt ihn nicht. Den lieben Gott gibt es, aber sie kann ihn nicht sehen. Verkleidungskünstler?*

## Individualismus
*Ideen sind schöner als Träume, und notwendiger*

Laut dem griechischen Philosophen Aristoteles soll das Ziel der Politik sein, Menschen in die Lage zu versetzen, ihre spezifisch menschlichen Fähigkeiten und Tugenden zu entwickeln. Kurzum: es möglich machen, Menschen zu Individuen zu machen. Der politische Balanceakt zwischen *Individualismus* (Freiheit, nicht Egoismus oder Narzissmus) und *Sozialisation* (Anpassung, nicht Sozialisierung oder Unterdrückung) muss letztlich keine Verringerung der individuellen Freiheit bedeuten. Eher eine Vervielfältigung der Möglichkeiten in einem weltoffenen Rechtstaat. Das deutsche Grundgesetz übertrumpft die Bibel und den Koran, was letztlich eine Wertegemeinschaft mit Meinungsfreiheit und keine Gesinnungsgemeinschaft mit festgelegten Normen unterstreicht – die Säkularisierung.

*„I disapprove of what you say, but I will defend to the death your right to say it.“ (Evelyn Beatrix Hall in ihrem Buch: The Friends of Voltaire)*

Der momentane, persönliche Erfolg allein kann nicht als Lebensgrundlage einer besseren Welt genügen. Und Freiheit impliziert ja nicht, dass wir alles tun können, was wir wollen. Für eine gesunde Entwicklung sind natürlich das individuelle Wohlergehen und das der Gemeinschaft unzertrennbar. Die Natur zeigt uns außerdem, dass soziale Arten, wie Ameisen und Bienen, höhere Leistungen erbringen als weniger soziale Arten.

Für den Redner bedeutet Individualismus, eigene Ideen zu präsentieren und sie mit der dadurch gewonnenen Unterstützung wahr werden zu lassen: Die Entwicklung der Menschheit lebt von gestaltenden Gestalten.

*„Eine verarmte gesellschaftliche Unterschicht ist für alle eine große Belastung. Eine Gesellschaft, in der*

*die Menschen nachts sicher nach Hause gehen
können und nicht in jeder Ecke ein Bettler sitzt, ist ein
kostbares Gut und eine große kulturelle Leistung.*"
*(Meinhard Miegel, deutscher Sozialwissenschaftler)*

## Selbstsicherheit
*Wer sich als Schaf gibt, wird vom Wolf gefressen*

Gesunde Selbstsicherheit wurde mal wunderschön beschrieben als „wenn jemand den Eindruck vermittelt, als besäße er die ganze Welt, aber diese Welt liebend gern mit anderen teilen möchte".

In der Gesellschaft herrscht ein gewisses Verlangen nach starken Menschen; nach Selbstsicherheit und Autorität. Das heutige weltpolitische Umfeld liefert uns unzählige Beispiele. Manche behaupten sogar, dass Macht erotisch und begehrenswert macht. Andere meinen, dass in bestimmten Situationen Diktatur oder Autokratie für das Volk nützlicher sind als Demokratie. Sehr fragliche Behauptungen! Eine natürliche Autorität ist vorteilhaft, eine machtbezogene kann sehr gefährlich sein, und eine gespielte wirkt arrogant bis lächerlich.

Einem demütigen, verunsicherten Redner zuzuhören ist nicht angenehm. Wenig Selbstbewusstsein darf nicht zu einem persönlichen Identitätsproblem wachsen. Wir dürfen uns nicht allzu geringschätzig geben, andere sehen uns sonst auch so. Wer sich unnötigerweise allzu oft „rechtfertigt", wird irgendwann mal dafür „verurteilt".

Der Redner soll die eigene Stärke kennen und vernünftig einsetzen, denn echtes Selbstvertrauen baut doch auf einer wirklichkeitsnahen Selbstachtung auf: Sich seiner selbst sicher sein. Menschen haben einen ursprünglich genuinen Wunsch, anderen zu gefallen. Das ist natürlich grundsätzlich schön, aber wir müssen auch lernen, Nein zu sagen. Der selbstsichere Redner hat Mut und Courage, zu widerstehen und zu widersprechen. Es ist traurig, wenn ein Mensch nur das bereut, was er nicht getan hat – oder ehrlicher, sich nicht getraut hat zu tun. Und letztlich, sich selbst tröstend, bei Karaoke singt: „I did it my way."

Nicht für etwas sterben, nein, für etwas leben.

*Mein Mathematikstudium hat mir, nicht zuletzt, meine eigenen Grenzen aufgezeigt. Zwei abgeschlossene Semester haben gereicht. Erstaunlicherweise war diese Erkenntnis nicht unangenehm, eher befreiend und wegweisend. Einsicht zu erreichen heißt ja, etwas dazugelernt zu haben, sei es nur die Fähigkeit zur Selbstreflexion:*
*Du bist und du weißt das gar nicht.*

Ausstrahlung
*Egal wer oder wo, man hat immer sich selbst im Schlepptau*

Optisch mehrbemittelt: Die Ausstrahlung eines Menschen hat natürlich mit dem Aussehen zu tun. Es gibt Menschen, die sehen so gut aus, dass sie, um Aufmerksamkeit zu erregen, nichts anderes sein müssen als eben schön. Sie können einfach nicht nur ihre Gleichheit, sondern ihre Überlegenheit gegenüber anderen Menschen ausspielen: Die meisten amerikanischen Präsidenten waren gut aussehend, großgewachsen und mit voller Haarpracht. Der nur mit spärlicher Haarfülle gesegnete Gerald Ford wurde nie als Präsident vom Volk gewählt.

Menschlich mehrbemittelt: Doch nicht selten wird der lebensfrohe Genussmensch mehr geliebt als der asketische, junge Schönling. Viele Menschen sind nicht schön oder hübsch im traditionellen Sinn. Aber sie sind charmant oder natürlich oder fröhlich, und vor allem interessant. Andere strahlen Wärme aus, sie sind so erfreuliche, herzensgute Erscheinungen, dass man denken könnte, dass es nur Menschen gibt, die sie lieben oder noch nicht kennen. Oder sie besitzen die wertvolle Fähigkeit Vertrauen zu schaffen, andere für sich zu gewinnen: Charakter macht Karriere! In jeder Schulklasse finden wir einen Klassenkameraden, mit dem jeder befreundet sein möchte, und das sind nicht immer die Schönheiten.

Authentisch: Jeder Mensch strahlt eine eigene Authentizität aus. Eine Persönlichkeit ist von familiären, religiösen und kulturellen Hintergründen geprägt. Der Fußballspieler Zlatan Ibrahimović wuchs in Rosengård, einer sozial problematischen plattenbauähnlichen Siedlung, auf. Er schreibt, dass man jemanden aus Rosengård herausholen kann, aber nicht Rosengård aus jemandem. Die Wurzeln sitzen tief, es ist auf Dauer schwierig, so zu sein, wie man nicht ist. Irgendwann zerbricht das innere Leben die äußere Schale. Trotzdem: Was ein Mensch innen ist und was nach außen erscheint, muss nicht ganz identisch sein. Eine situative Anpassung, ohne sich selbst zu verleugnen oder sich von außen fremd machen zu lassen, ist für einen Redner notwendig: Er sollte für die Tätigkeit das richtige Werkzeug wählen. Aber die Worte des Redners: Sie sollten sinngemäß seine sein.

*Der junge Braumeister erklärte uns, wie das Bier gebraut wird. Stolz erzählte er, dass er selber über die Zusammensetzung und den Brauvorgang der verschiedenen Bierspezialitäten entscheidet. Sichtbar begeistert (die Augen) mit seinem Beruf wirkte der junge Mann sehr zufrieden, ja glücklich. Er hatte Hosen mit Metallknöpfen an, die allerdings nicht alle verschlossen waren. Dauernd musste er die Haare und andere Körperteile kratzen, als hätte er Flöhe. Doch trotz dieser elementaren Mängel machte er einen sympathischen Eindruck und gewann die Herzen seiner Zuhörer. Warum? Er war verdammt authentisch, ja so, als hätte er sich selbst nicht aufhalten können, auch wenn er es gewollt hätte.*

Begeisterung

*Leidenschaft und Engagement erzeugen die echte Schärfe*

Begeisterung für die Aufgabe auszustrahlen, die Sache positiv mit der Person zu verknüpfen, das ist die beste Art Mitmenschen mitzuziehen. Durch Tonfall und Wortwahl werden Gefühlsketten aktiviert und Reaktionen ausgelöst. Wie bei der Musik werden Signale gesendet, man redet von emotionaler Ansteckung.

Manchmal findet der Redner eine schon vorhandene ungute Stimmungslage. Aber eine, sogar kleine, Verschiebung der Perspektive genügt, um etwas in einem ganz anderen Licht zu sehen und zu verstehen. Gefühle können sich schnell wandeln. Wird dauernd von Altersarmut und Vergreisung der Gesellschaft geredet, fühlen sich Menschen älter und hoffnungsloser. Wird aber von Frühling und Aufbruch gesprochen, schwingen die Seelen mit. Sogar ein einziges, simples Wort kann gute Gefühle auslösen, und das, obwohl es mit der momentanen schlechten Situation nichts zu tun hat. Der Redner sollte Mahnungen und Verbote vermeiden, nicht solche Stimmungstöter aussprechen, nein, Ideen und Möglichkeiten ansprechen: „Raus aus der Sackgasse, gemeinsam schaffen wir das allemal, ich habe da eine Idee."

Der begeisterte Redner zieht und zielt in die richtige Richtung. Nicht zu verwechseln mit dem Agitator, der den Mob mit falschen Emotionen und Hasspredigten bis zur Massenhysterie anheizt. Der Redner kann natürlich nicht durch Begeisterung alle

Probleme lösen. Aber er kann die Denkweise der Zuhörer verändern, er kann eine offenere Herangehensweise induzieren.

Ein Vortrag kann so etwas wie „ein gutes Gespräch" sein.

*Tischtennisspieler Timo Boll hat, bei eigenem und wichtigem Matchball, eine für ihn vorteilhafte, aber falsche Entscheidung des Schiedsrichters korrigiert. Er meinte nachher, dass er natürlich gerne gewinne und von seinem Sport finanziell lebe. Aber Tischtennis sei vor allem eine große Liebe, und sie betrüge man nicht. Eine schöne Art, Respekt für die eigene Begeisterung zu zeigen: Hut ab!*

## DAS AUDITORIUM
Der richtige Platz

*Wer die Zuhörer nicht observiert und darauf reagiert und agiert, wird sie nicht erreichen.*

## Loyalität
*Eine schleichende Form, Druck auszuüben*

Das Leben, oder besser die Lebenserfahrung, gewöhnt uns gewissermaßen die Loyalität ab. Loyalität, nicht gewollte Solidarität oder Verantwortlichkeit, ist oft eine Art gezwungen zu werden, dazuzugehören. Loyalitätsgefühle sind häufig familiär verankert: Man muss das oder dies tun oder sein, weil Blut dicker ist als Wasser. Man wird ungefragt von Idealen, nicht ganz den eigenen, vereinnahmt. Oder, schlimmer noch, man muss sich mit unguten Situationen abfinden und sich sogar damit identifizieren: *„Close your eyes and think of England."* *(Queen Victoria)*

Ein sanftes Drohen unter dem Deckmantel der Kameradschaft, so werden wir geistig abgelehnt und pseudo-gefühlsmäßig befriedigt. Nicht selten werden Bedürfnisse befriedigt, die wir selbst gar nicht ausgewählt haben. Aber ist die emotionale Zugehörigkeit erst gewonnen, dann wird die Philosophie übernommen. *„When you got him by the balls, his heart and mind will follow."*

Oder eine Art Beschützerrolle wird eingenommen, da diese Macht verleiht. Das bedeutet im Prinzip, jemanden aufs Glatteis zu locken und dann scheinheilig rettend aufs Land zu holen. Menschen werden „überfahren", wo sie ohne Verteidigung dastehen. So werden gleichermaßen „nützliche

Idioten" und „mächtige Verbündete" gefangen genommen. Eher stürzend als stützend. Es geht um Freiheit *innerhalb* der Gemeinschaft und nicht um Freiheit *gegen* die Gemeinschaft. Es geht darum, ein prügelfestes Verhältnis zu etablieren, wo offen untereinander gesprochen werden kann. Bei totaler Transparenz gibt es nichts, was durchsickern kann. Niemand kann aus dem „geheimen" Wissen einen persönlichen Vorteil ziehen.

Wer einen Vortrag hält, darf sich nicht durch übertriebene und falsche Loyalität verkaufen. Nein, wir dürfen uns nicht verleiden lassen, wir müssen unseren geistigen Geruchssinn beibehalten.

*Als ich jung war, habe ich bei den Pfadfindern mitgemacht. Es war, für ein Kind, eine aktive Zeit mit Spielen, Ausflügen und vielen anderen tollen Unterfangen. Trotzdem, eine innere Abneigung war bei mir schon damals dabei. Es war schwer, bei befremdlichen Ritualen (Uniformen, Grüßen) mitmachen zu müssen und in eine entfernte (heilige) Gedankenwelt einzutauchen.*
*Es ging nicht, ich bin ausgetreten.*


Sehen
*Sie sehen im Grunde genommen nur das, was Sie schon wissen*

Obwohl die Wahrnehmung der Umgebung hauptsächlich durch Sehen geschieht, sollte der Redner die Reaktionen der Zuhörer auf allen Sinneskanälen wahrnehmen, ja fast riechen und schmecken: Er sah sie kommen. Nein, er spürte und fühlte sie kommen. Viele Redner sehen nur das eigene vorprogrammierte Bild des Auditoriums, schließen von sich selbst auf andere. Sie sehen nicht das reale Auditorium, sei es, wie gesagt, aus Vorverurteilung oder, noch schlimmer, aus Ignoranz. Das Licht geht nur vom Redner aus, das Licht von außen erreicht ihn nicht. Sollten die Augen letztlich irgendwann doch aufgehen, dann kann es zu spät sein, die Überraschung ist schon perfekt.

Andere Redner haben Angst vor dem, was sie sehen könnten. Sie sind durch neue Gedanken und Perspektiven überfordert; sie möchten nicht an den wirklichen Zustand der Welt erinnert werden. Sie blocken ab! Das ist wohl eine Art der Selbstverteidigung, aber die Zuhörer spüren so etwas überdeutlich.

Der Redner ist nicht nur unter dem Mikroskop, er schaut auch von oben hinein, und er kann außerdem die Verstärkung einstellen. Ein verbaler Windzug, zum Beispiel eine kleine Provokation, kann den Nebel verjagen und Klarsicht verschaffen.

Der Redner sollte das Nichtgesagte sehen.

*Die Kollegen saßen am Mittagstisch. Es ging um die Frage, ob das Autolicht auch am Tag eingeschaltet werden sollte. Der intelligente, aber sehr auf sich selbst fixierte Kollege meinte, dass es nur dummes Zeug sei. Er brauche das Autolicht tagsüber nicht; er sehe sehr gut ohne. Als ihm erwidert wurde, dass es nicht nur um „Sehen" gehe, sondern um „Gesehen-werden", also rechtzeitig erkannt, blieb er stumm.*

*Vielleicht nicht nur ein Beispiel für die mangelnde, aber notwendige gegenseitige Beobachtung (sehen/gesehen), sondern auch ein Beweis dafür, dass es Dinge gibt, die so selbstverständlich sind, dass man über sie nicht nachdenkt.*

## Verstehen
*Wo es nach Rauch riecht, war ein Feuer*

Für viele besteht der Hauptreiz der malerischen Kunst im Wiedererkennen von etwas, das sie zu erkennen glauben. Sie suchen die persönliche Bestätigung, nicht die unbekannte Herausforderung. So befriedigt sich das Individuum selbst. Es spürt nicht die Schönheit und bekommt vom Ausdruck des Werkes keinen Eindruck.

Wir sollen die lebende Wirklichkeit begreifen, wie sie ist, und sie nicht wie eine gefällige Postkarte sehen. Zugegeben, als Redner im Zentrum stehend, ohne Abstand zur Sache, sieht man nicht immer klar, erfasst nicht, was man eigentlich sieht. Es gilt aber auch, dass die Tricks umso einfacher durchschaut werden, je näher an den Zauberern man steht. Wenn man etwas fokussieren möchte, kreist man am besten mit dem (optischen und geistigen) Blick außen herum.

Ganz simple Beobachtungen können das situative Verstehen des Redners erleichtern. Manchmal deutet eine Sitzordnung, oder wer mit wem während der Kaffeepause redet, auf veränderte Verhältnisse hin. Paradoxerweise kann auch etwas, das fehlt, obwohl es eigentlich da sein sollte, sehr aussagekräftig sein: Die Mitglieder des Politbüros werden nicht offiziell verabschiedet, sie verschwinden einfach. Wir sollen ein Muster erkennen, wo andere nur Zufälle sehen. Das Bild daraus realisieren, inklusive Vordergrund und Hintergrund. Es geht für den Redner darum, ungeahnte Kombinationen zu erraten und dadurch neue Möglichkeiten zu entdecken und zu entwickeln. *„Before you can write anything, you have to notice something." (John Irving, Schriftsteller)*

Empathie bezeichnet die Fähigkeit und Bereitschaft, Gedanken, Emotionen, Motive und Persönlichkeitsmerkmale einer anderen Person zu erkennen und zu verstehen. Und das auch bei Menschen, die man nicht mag, aber mit denen man umgehen muss.

*In der AIDS-Forschung wurden neue Erkenntnisse gewonnen, indem HIV-Infizierte, die kein AIDS entwickelten, also gesund blieben, untersucht wurden. Aus welchem Grund brach AIDS nicht aus? Ein Ansatz für neue Therapien? Die Forscher schauten sich das Krankheitsbild von einer anderen Seite an, Perspektivwechsel.*

# REAGIEREN

## Umsetzen
*Nicht die richtige Analyse machen und dann falsch reagieren*

Ein zusammengepresstes Kollektiv entwickelt kollektive Krisen. Denken wir an die häufig misslungene, von außen gesteuerte und oft fehlgelenkte Entwicklungshilfe in Afrika oder an aufgezwungene Versuche, westliche Normen in arabischen Ländern zu etablieren. Kaum etwas nachhaltig Gutes entsteht. Ganz im Gegenteil: Hass wird mit Druck von außen erzeugt.

Genauso erzeugt schwerfällige Überzeugungsarbeit seitens des Redners Widerstand im Auditorium. Es gibt allerdings Redner, die wissen, was die Zuhörer denken, bevor die Zuhörer es selbst wissen. Sie sehen aus der Situationsfolge a-b-c schon Situation d, und das, ehe sie wirklich da ist. Und sie reagieren entsprechend.

In solchen Fällen ist manchmal Ernsthaftigkeit angebrachter als Lustigkeit, denn Humor kann so willkommen sein wie der alte Freund der Braut als Hochzeitsgast. Aber treffende und intelligente Kommentare rufen Lächeln hervor. Ein Lächeln entsteht nicht nur, weil etwas Komisches gesagt wurde, sondern vielmehr, weil Menschen gleichartig auf emotionale Stimuli reagieren. Sie teilen die gleichen Gefühle, die Zuhörer gehen mit, machen sogar unbewusst Bewegungen und Gesichtsausdrücke des Redners nach.

Hintergrundwissen über das Auditorium steigert natürlich die Wahrnehmungsfähigkeit und die Reaktionsgeschwindigkeit des Redners. So registriert ein informierter und verstehender Redner, wenn ein Reiz notwendig ist, und er tut und sagt fast intuitiv das Richtige. Das ist nicht populistisch, sondern empathisch.

Positive Reaktionen der Zuhörer wahrnehmen zu dürfen (und können) ist eine wunderbare Belohnung des Redners.

*Als der Multikünstler Vicco von Bülow, alias Loriot, zur Zeit der DDR nach Ostberlin eingeladen wurde, seine Sketche vorzutragen, hat er die Geschichte über den aufdringlichen westlichen Gebraucht-Wagenhändler nicht gebracht. Nein, nicht in einem Land, wo Menschen jahrzehntelang auf ein Auto warteten. Er hat das Programm auf die Zuschauer abgestimmt.*

Begründeter Angriff
*„Wenn ich nochmals so siege, bin ich verloren."*
*(König Pyrrhus von Epirus)*

Wer als Redner angegriffen wird, sollte sich erst nach der Berechtigung des Angriffes fragen. Der Redner hat den Mund zu voll genommen, etwas Unüberlegtes rutschte ihm heraus oder etwas nachweislich Falsches wurde behauptet. So könnten seine Aussagen gegen ihn gerichtet werden; eine Flanke wurde für Kritik und Angriff offen. Wer gut vorbereitet ist und einen guten Fahrplan hat, ist weniger gefährdet und findet notfalls schneller in die Spur zurück. Trotzdem, jeder macht Fehler und kann als Folge einer, nennen wir es, konstruktiven Aggressivität aus den Zuhörerreihen ausgesetzt werden. Wenn diese Kritik begründet ist, ist sie selbstverständlich ernst zu nehmen. Das bedeutet für den Redner, deutlich Diskussionsbereitschaft zu signalisieren: „Gut, dass wir darüber sprechen." Der Redner könnte sogar auf die Expertise des Kritikers hinweisen oder auf seine Vorschläge eingehen. Sinngemäß sich selbst zurücknehmen und neu zentralisieren, ja sich selbst einige Fragen stellen.

Eine verdiente Niederlage müssen wir verarbeiten, gefühlsmäßig realisieren und die Kraft finden, uns anständig wiederaufzurichten. Und erst recht nicht in die Selbstmitleidfalle fallen. Zu verlieren heißt ja oft etwas dazuzugewinnen, am besten so etwas wie Erfahrung, Charakter oder Reife. Nur von Sieg zu Sieg zu rauschen ist, wie man so drastisch sagt, verdammt.

Es gibt außerdem im Leben Situationen, da vermittelt das Verlieren eine besondere Groß-artigkeit, ja Grandeur, die Erfolg nie erreicht: Die bravourösen, aber letztlich wegen russischer Über-macht zurückgedrängten finnischen Soldaten im Zweiten Weltkrieg waren echte Helden. Wir sollten auch bedenken, dass ohne die Möglichkeit des Scheiterns der Erfolg viel weniger wert ist.

*Wir können vielfältig auf eigenes Fehlverhalten reagieren:*
*(1) die Tat verleugnen,*
*(2) die Verantwortung ablehnen und verschieben (das sogenannte Blame-Game),*
*(3) die Bedeutung der Tat verniedlichen,*
*(4) eine korrigierende Haltung einnehmen und „moralisch" etwas Gutes tun,*
*(5) die Verantwortung übernehmen und um Entschuldigung bitten.*
*Es ist natürlich lächerlich, aber in der Wirklichkeit werden die ersten vier Stufen oft erst eine nach der anderen genommen, bevor endlich Stufe fünf notgedrungen erklommen wird. Die Tat ist vielleicht verzeihlich, aber die Versuchung der Vertuschung macht wütend.*

## Situativer Angriff
*Selbst schnell zu agieren, gibt dem Gegner weniger Zeit zu reagieren*

Wenn etwas behauptet wird, was ganz offensichtlich reiner Nonsens ist, grenzt es an Selbsterniedrigung, die Sache bekämpfend zu diskutieren.

Wir kennen die nervigen „akademischen" Fragen, die oft ohne substantielle Relevanz und weit hergeholt sind. Sie dienen nur dazu, das große Wissen des Fragestellers herauszustellen. Man muss sich manchmal fragen, ob Menschen, die so bedeutend tun, wirklich etwas Wesentliches wissen: Unwissende stellen doch oft die nicht relevanten, also die falschen Fragen. Und so soll der Redner solchen überflüssigen Attacken begegnen: „Nicht relevant!"

Oder jemand fängt an, nicht selten aus lauter Langeweile, zu kritisieren, ja zu stänkern. Plumpe Attacken, die anfangs nicht direkt bösartig sind, aber andere empörungsbereite Gemüter wecken. Unruhe! Die Situation eskaliert; sie wird persönlich. Denken wir an die Sitzungszimmer-Schlachten mit den Bürokriegern, die sich mit hausinternen und selbstgemachten Problemen beschäftigen und so Energie und Zeit verbraten.

Unüberlegte Angriffe können natürlich am schönsten durch überlegenes Wissen gekontert werden. Die Aussagen ernsthaft und wohlgesonnen aufnehmen (Körpersprache), sie deutlich wiederholen und dann genauso deutlich berichtigen. Sprich: erklären, wie die Sache besser gemacht werden kann und gemacht werden soll, nicht auf halbem Weg stehenbleiben. Klar ist es eine persönliche Genugtuung, falsche Behauptungen korrigieren zu können, wir sind nur Menschen. Aber statt die Kritik brutal zu zerpflücken und als dumm abzuqualifizieren, ist die Reaktion wirkungsvoller, wenn auf überhebliche pseudo-pädagogische Erniedrigungen verzichtet wird; kein verletzendes Oberlehrer-Gehabe.

Manchmal wollen die Menschen einfach nur „gehört", also beachtet werden. Durch eine persönliche Botschaft kann solchen Angriffen die

Spitze genommen werden. Aber das Konzept darf nicht durch allzu viel Entgegenkommen aus der Hand gegeben werden: „Ich verstehe wirklich sehr gut, wie du dich fühlst, aber dein Anliegen sprengt den heutigen Rahmen. Reden wir beide nachher darüber." So behält der Redner Oberwasser und gewinnt Überlegungszeit.

Der Redner soll auch im Hinterkopf behalten, dass gerade einen Provokateur nichts mehr nervt, als wenn er ignoriert wird.

*In einer Besprechung wurde lange und ergebnislos über die Reparatur eines Balkons gesprochen, bis der Vorschlag kam, den Balkon einfach abzureißen. Das wollte nun eigentlich niemand, und dann wurde schnell eine einvernehmliche Lösung gefunden.*

*Mit einem unerwarteten, drastischen Vorschlag, mit einem Konfrontationsschritt, wurden die Teilnehmer schockiert. Die dadurch gesteigerte Verantwortung für „Abriss ja/nein" wurde an die Kämpfer übertragen, und so wurden sie kooperativ.*

## Bösartiger Angriff
*Unsere Freunde beobachten uns nicht so genau wie unsere Feinde*

Es gibt Menschen mit grundsätzlich destruktiven und bösen Absichten. Wir dürfen hier nicht naiv sein, oder bedingt durch Harmoniebedürftigkeit allzu nachgiebig sein. Mit einem meineidigen Betrüger können wir nicht verhandeln. Ein Konsens mit Rechtsradikalismus, ein Pakt mit dem Teufel, das hat katastrophale Folgen. Der englische Politiker Neville Chamberlain hat nach seinem Gespräch bei Adolf Hitler in München gesagt: *„Peace for our time."* Von wegen! Und auch der „freundliche" Feind, dem wir verziehen haben, aber er uns nicht, ist gefährlicher als tausend Geier. Er wartet auf unsere Fehler, um im richtigen Moment zuschlagen zu können: *„Et tu, Brute?" (Julius Caesar)*

Obwohl es kontraproduktiv sein kann, muss der Redner bei brutalen Angriffen entschlossen einen Schlussstrich ziehen. Das heißt unter anderem, kontrolliert Aggressionen auszuleben. Keine Gleichgültigkeit: „Nicht mit mir, Schluss!" Sich Respekt zu verschaffen durch aggressives Verhalten ist manchmal eine Notwendigkeit, aber immer eine Notlösung. Geduld dagegen ist eine tolle Tugend, aber nicht geeignet, Missstände auszuräumen. Hier ist das Ziel des Redners, nicht die Welt aus den Angeln zu heben. Nein, er will rechtzeitig vermeiden, dass die Welt aus den Angeln gerissen wird.

*Als Fans von FC Bayern München die Geschäftsleitung bösartig angriffen, schickte Vereinspräsident Uli Hoeneß (ein Meister der kontrollierten Aggression) sie mit einer scharfen Rede in die Schranken zurück, nach dem Motto: „Wir reißen uns für Euch den Arsch auf."*

## Konsequenz
*Die Größe des Einschusslochs bestimmt nicht den Umfang des inneren Schadens*

Neue Verletzungen: Jeder weiß, dass sich Menschen nicht nur durch direkte, persönliche Angriffe, sondern durch banale, unüberlegte Aussagen provoziert fühlen. Jemandem, der gerade seinen Hund verloren hat, zu raten, sich einen neuen Hund zu kaufen, ist unnötig und unsensibel. Es ist nicht immer leicht, Reaktionen vorauszusehen, wenn A gesagt wird, folgt unausgesprochen und unweigerlich B. Ein „Schmetterlings-Schlag" verursacht literarisch gesehen woanders einen „Hurrikan". Die Folgen sind, wie es medizinisch so treffend heißt: unerwünschte Nebenwirkungen. Und die Spirale kann sich weiterdrehen, denn verletzte Menschen neigen dazu, andere zu verletzen. Verletzte Menschen überlegen nicht, sie sind einfach nicht in der emotionalen Lage zu überlegen. Ungeahnte Trotzreaktionen, ja gefährliche Kräfte werden freigesetzt. Solche impulsiven Racheaktionen tun selten gut, sie schmecken nur kurzfristig süß und wirken bald wie Essig von innen: Man bereut das eigene Verhalten.

Der reife Redner verletzt nicht seine Zuhörer und er benutzt nicht seine Rednerposition, um sich zu rächen.

Alte Wunden: Es gibt Wunden, die nie heilen. Dinge, bei denen es besser wäre, man würde sich nicht mehr daran erinnern, und trotzdem sind sie so schwierig zu vergessen. Aber man kann, ja man muss, mit bestimmten Verletzungen leben. Schlecht ist allerdings, wenn in alten Wunden wieder gebohrt wird, die gerade so ein bisschen am Heilen waren. Diesbezüglich soll der Redner sensibel die Konsequenzen seiner Rede weitestmöglich voraussehen. Selbstverständlich sollen Missstände aus der Vergangenheit aufgearbeitet werden, aber unnötig in der unguten Vergangenheit herumzurühren, schadet dem Vortrag: nicht kalten Kaffee aufwärmen, er schmeckt nicht und verdirbt den Magen.

Selbstschädigend: Machthaber und Reiche neigen dazu, die Konsequenzen des eigenen früheren Handelns zu ignorieren. Sie vergessen, weil sie vergessen wollen und weil sie sich das erlauben können. Sie bemühen sich sogar, eine eigene Geschichte zu schreiben oder aus der Geschichte etwas zu interpretieren, was eigentlich nie da war. Werden die Konsequenzen eines solchen Handelns vorher nicht überlegt, wird im schlimmsten Fall ein Punkt ohne Wiederkehr erreicht: Es wurde zu weit gegangen! Viele Menschen, und erst recht Redner, beschädigen so in erster Linie sich selbst: Nur dumme Hunde beißen sich selbst in den Schwanz.

*Allen Mitarbeitern wurde ein Teambildungsseminar verschrieben. So traf sich unsere Gruppe im wunderschönen Hotel mit Alpenblick.*

*Der Seminarleiter, gelernter Theologe, bekam schnell heraus, welche Personen unter uns sich* wohlgesonnen waren, und vor allem, welche sich nicht allzu gut verstanden. *Geschickt streute er Salz in entdeckte Wunden, und unter uns brach der Krieg aus. Es hagelte Beschuldigungen und Vorwürfe, die nie hätten ausgesprochen werden dürfen. Chaos!* Das war aber nicht das Schlimmste. Die nachhaltigen Folgen waren offene Feindschaften, die jahrelang danach unsere tägliche Arbeit unnötig erschwerten.

*Ziel des Seminars erreicht?* Ich muss an den primitiven und unangenehmen Spruch denken: *Operation gelungen, Patient tot.* Ich hatte nämlich das Gefühl, dass der Seminarleiter zufrieden war. Er hatte seinen Spaß gehabt und hatte ganz bestimmt keine postoperativen Schmerzen.

## Angst

*Wer kann einen geraden Rücken behalten, wenn er dauernd kuscht?*

Angst frisst Verstand und Seele auf und schafft Lähmung und Mutlosigkeit: Der Mensch fühlt sich bildlich wie eine eingedrückte Cola-Dose.

Einige Situationen, zum Beispiel Isolierung, und erst recht tiefe Stürze verändern das Verhalten der Menschen. Wenn Macht die persönliche Identifikation ist, dann ist es hart, wenn die Macht weggenommen wird. Noch schlimmer ist es, wenn jemand deswegen richtig Angst, Existenzangst, bekommt, wo sogar Hilflosigkeit in Brutalität umschlägt.

In der Arbeitswelt stehen Menschen oft mit dem Rücken zur Wand. Wahrheit und Gerechtigkeit sind nicht besonders verbreitet in Zeiten, wo jeder durchsetzungsfähig sein muss und bewusst Risiken eingehen soll. Gewissermaßen findet eine Zucht von gewissensbefreiten Menschen statt. Sie sind mehr berechnend als gerecht. Moralisch schlechtes Benehmen ist nicht auf einige der ärmsten Teile der Gesellschaft beschränkt, vielleicht eher umgekehrt.

Eingeschüchterte Menschen ventilieren nicht ihre Sorgen, sie vergrößern sie innerlich. Sie machen Fehler, weil sie Angst haben, Fehler zu machen. Letztlich neigen sie dazu, zu hassen, wovor sie Angst haben. Unter solchen Bedingungen einen Vortrag zu halten ist Selbstmord.

Mut hingegen ist, wenn man für Erfolg nicht jeden Preis bezahlt. Je aufgeklärter wir sind, je mehr Wissen, Erfahrung und Selbstsicherheit wir besitzen, desto weniger Angst und Hass empfinden wir. Und desto mehr trauen wir uns zu. Schön ist, wenn es uns als Rednern durch Mut gelingt, eine Gegenkultur zur Angst zu etablieren. Der mutige Redner weckt Wünsche und vertreibt Ängste.

*„Nicht wie die Winde wehen, sondern wie ich die Segel setzen", stand groß auf einer Banderole in seinem Büro. Das Tolle war, dass er diese Botschaft mit seiner Ausstrahlung und Menschlichkeit glaubhaft verkörperte. Er wurde befördert, bekam Kompetenzen. Er nutzte sie und krempelte die Abteilung erfolgreich um, und das auf eine sehr*

*humane Art. Ehrlich, ein toller Typ. Ich war begeistert, und nicht nur ich.*

*Dann kam der Knick nach dem Kick. Irgendetwas oder irgendwer hatte ihm Angst eingejagt. Nachher war er zwar biologisch derselbe Mensch, aber nicht der Gleiche. Er wurde unsicher und vorsichtig. Er drehte sich nun nach jeder leichten Böe aus der Chefetage. Keine Segel mehr? Oder hat man sie ihm weggenommen? Er war haustrainiert. Ich war traurig, und nicht nur ich.*

## AGIEREN

### Begrüßung

*Der erste Eindruck ist bekanntlich schwierig zu verdrängen*

Ein guter Start der Präsentation erleichtert die Fortführung, der Redner ist entspannter und das Auditorium aufnahmefähiger.

Eigentlich ist die Begrüßung keine große Sache. Der Redner geht einen kleinen Schritt nach vorne, schaut die Zuhörer an, ohne etwas zu sagen, und streckt ihnen einfach die Hände entgegen. Ein nonverbales „Ihr seid mir nicht gleichgültig!"

Leider kennen wir auch das spontane, negative Gefühl, wenn zwei Menschen sich unglücklich begegnen. Das geplante Gespräch ist beendet, bevor es begonnen hat. Sogar beim Händeschütteln, oder dem Ausbleiben desselben, ist oft spürbar, dass die Sache schon gelaufen ist. Es gelingt nicht immer, Kontakt aufzunehmen, und das sollten wir auch akzeptieren. Die Leitung ist tot, kein Einfluss unter dieser Nummer.

Die Begrüßung ist kurzweilig, aber oft nachhaltig. Wer hier das Richtige tut, kann lange davon zehren.

*Mein Büro lag in einem langen Gang. Von der südlichen Seite, wo ich morgens normalerweise herkam, konnte man die Kollegen im nördlichen Teil gerade so erkennen. Irgendwann haben wir angefangen uns zuzuwinken, ein visuelles „Guten Morgen". Im Laufe der Zeit verfeinerte sich das Ritual. Kollegen, die einander mochten, winkten intensiver, lebhafter und länger. Es war ein sehr schönes Gefühl, besonders in der Früh, so herzlich begrüßt zu werden: Du kämpfst hier nicht alleine!*

## Frieden
*Die meisten Kriege enden mit einem Friedensvertrag*

Die Militärstrategen Hart und Bouthoul behaupteten: *„If you want peace, study war."* Eine Lehre daraus ist, dass Gewalt durch eine gezielte Drohung präventiv gestoppt werden kann. Beim Schach können nur direkt angegriffene Figuren geschlagen werden, vorher lauert aber die Drohung. Wer diese Drohung rechtzeitig erkennt, kann häufig durch eine Gegendrohung die Angriffe verhindern, und die Schlacht findet nicht statt.

Wenn der Redner eine Drohung ausspricht, sollte er die Schlagkraft kennen. Nicht dass die Drohung ein Rohrkrepierer wird, also ihm selbst um die Ohren fliegt. Eine sinnvolle Drohung kann eine vernünftige Alternative aufzeigen: „Wenn du mehr Raketen baust, baue ich auch welche. Aber wenn du deine verschrottest, verschrotte ich auch meine." (NATO-Doppelbeschluss):

Der Grund, warum Menschen Feinde oder Freunde werden, ist oft situativ und nicht fundamental begründet. Im Ersten Weltkrieg haben deutsche und französische Soldaten eine Feuerpause eingelegt und gemeinsam Weihnachten gefeiert: Die Soldaten waren nur situative Feinde. Verbindungen zu knüpfen geht manchmal leichter, als viele denken. Vor allem, wenn es brennt, denn die schwächsten Bindungen können in schwierigen Situationen fest werden. Die „Harry Potter"-Autorin J. K. Rowling beschreibt diese Situation so: *„There are some things you can't share without ending up liking each other, and knocking out a twelve-foot troll is one of them."* Der mutige Redner scheut keine Begegnungen, er versteckt sich nicht. Er weiß, dass das Monster nicht halb so bedrohlich ist, wenn man ihm ein Gesicht gegeben hat.

Trotz allem: Es gibt Menschen, die man nie wieder sehen möchte. Und wir sollten realisieren, dass wir mit einigen Menschen nur eine einzige Sache gemeinsam haben, und zwar, dass wir miteinander ein Problem haben. Solche Erkenntnisse können befreiend wirken und dem Redner eine klare Sprache ermöglichen.

*Die momentane kriegerische Verheerung in der arabischen Welt wurde mit dem Dreißigjährigen Krieg verglichen. Beide sind Religionskriege und Bruderkriege. Nach dem Westfälischen Frieden im Jahr 1648 hat es so gut wie keine (Nordirland!) religiös bedingten Kriege zwischen Katholiken und Evangelischen mehr gegeben. Ein hoffnungsvoller Vergleich für Sunniten und Schiiten. Und für die ganze Welt!*

## Anerkennung
*Wir dürfen nicht Leistung und Erfolg verwechseln*

Manchmal ruft die gesellschaftliche Pflicht nach Dankes- und Lobeshymnen. Bei der Oscarverleihung und bei ähnlichen Exzessen der Vereine-für-gegenseitige-Bewunderung werden pathetisch-überschwängliche Lobhudeleien geschmettert. Durch die gezwungene Überzuckerung vermissen wir die Ehrlichkeit, das Salz fehlt in der Suppe.

Doch eine verdiente Anerkennung zu bekommen ist wunderbar; es entspricht sehr dem emotionalen Bedürfnis eines jeden Menschen, nennen wir es Seelenfutter. Jemandem etwas Gutes zu sagen, besonders in schwierigen Situationen, das tut dem Redner selbst gut.

Ein Lob ist glaubhaft, wenn es erstens freiwillig, zweitens fundiert, drittens zeitnahe am Geschehen und viertens in der Anwesenheit der betroffenen Personen ausgesprochen wird. Einem über-schwänglichen Lob wird mit Skepsis begegnet: „Sie wollen etwas von mir." Ein unbegründetes Lob verwirrt; jeder wartet nur auf das „Aber". Und wenn alle, wie aus der Gießkanne, mit Lob überschüttet werden, dann glaubt niemand mehr daran. Wir können von „Lobsuchtsanfällen" reden.

Der umsichtige Redner weiß, dass weniger wertvoller ist, weil begrenzter verfügbar. Er formuliert deshalb seine Anerkennung bedacht und übertreibt nicht, fast mehr als eine reine Bestätigung.

*Nicht geschimpft ist halb gelobt.*

## Respekt

*Respekt zu zeigen ist eines, Respekt zu verdienen etwas Weiteres*

Grenzen abzubauen ist erstrebenswert. Aber gewisse Grenzen müssen wir achten und setzen. Grenzen machen ja das Unterscheiden erst möglich, sie sind einfach notwendig für die reale Wahrnehmung. Und auch für das gegenseitige Respektieren. Respektvoll anderen Menschen zu begegnen heißt die Intimsphäre zu achten, den Mitmenschen nicht zu nahe zu treten. Es wird davon gesprochen, eine Armlänge Abstand zu halten, und das körperlich wie emotional. Respekt bedeutet, niemanden zu unterschätzen. Ein Kind ist ein Kind, aber nicht den ganzen Tag. Wir sollten auch nicht verkennen, dass „weniger intelligent" nicht „weniger empfindlich" heißt: nicht überraschend, sie sind alle Menschen.

Wer als Redner seinen Zuhörern nicht mit Respekt und Anstand begegnet, wird das Ziel des Vortrages verfehlen. Wer sich bei den Zuhörern nicht Respekt und Anerkennung verdient, bringt die Botschaft auch nicht rüber.

Respekt ist ein großes Wort, Rücksicht ist weniger bedeutungsschwer, aber näher am Geschehen. Für jemanden ein bisschen Platz machen, Vortritt lassen oder kurz mit anpacken. Im Grunde den Weg ein wenig ebnen, das ist ein alltägliches Verhalten mit starker Signalwirkung: In einer Kneipe, wo die Bedienungen sich gegenseitig helfen und nicht angiften, fühlen sich die Gäste wohler – und sie kommen wieder. Jemandem „entgegenzukommen" wird im Dschungel als Schwäche ausgelegt, aber es ist nicht überall Dschungel.

Wir dürfen nicht übersehen, dass es Selbstrespekt, ja Selbstsicherheit voraussetzt, anderen gegenüber glaubhaft Respekt zu zeigen.

*Der Geschäftsführer legte eine fast unlesbare Folie voller Zahlenreihen auf. Die Folie war bestimmt im letzten Moment von der Sekretärin aus dem Geschäftsbericht kopiert worden. Keine anfänglichen Erklärungen zum Thema. Die Vorstellung fing irgendwo an und wurde rasend schnell durchgezogen. Nach dem Motto: „Ihr versteht es ja eh nicht." Zum Schluss folgten dann die Zuckerbrot-und-Peitsche-Sätze. Dass wir alle natürlich super sind, ein globales Lob, aber uns auf Einsparungen einstellen müssen, eine globale Drohung: keine Schokoladenkekse mehr bei den Besprechungen.*

*Ich habe mich nach der Präsentation beleidigt gefühlt, verletzt und demotiviert. Nur das mit den Schokoladenkeksen war mir egal; ich habe die eh nicht gemocht. So wird Respekt weder gezeigt (→) noch verdient (←).*

## DIE BELOHNUNG

Viele Menschen haben Hemmungen, Vorträge zu halten, das ist sehr verständlich. Auf der anderen Seite sind sie total glücklich, wenn sie es gut geschafft haben: Es waren anstrengende und nervige, aber letztlich erfüllte Momente.

Das Gefühl nach einem gelungenen Vortrag ist absolut mit einem sportlichen Erfolg vergleichbar. Es ist sogar mehr! Der Redner hat Mitmenschen beflügelt, nicht besiegt. Er ist mit sich selber zufrieden, vielleicht sogar glücklich?

Und nachher, im Stillen alleine, darf er das Ganze nochmals durchgehen und genießen, ein Wahnsinnsgefühl! Wir müssen für solche Erlebnisse dankbar sein.